新装版

いま「クラス会議」がすごい！

赤坂真二 編著

学陽書房

新装版まえがき

　私たちが2014年に初版を上梓してから、クラス会議の実践は驚くべき広がりを見せました。かつては一部の熱心な教師が個人的に取り組んでいたクラス会議が、今や学校ぐるみで組織的に導入されるようになりました。

　この変化は、クラス会議がもたらす効果の大きさを物語っています。クラスの凝集力が高まり、子どもたちが主体的に問題解決に取り組むようになり、さらには問題行動の減少にもつながっているのです。新装版では、こうした実践の広がりを踏まえ、より多くの教育者の皆さまにクラス会議の魅力と可能性をお伝えしたいと考えました。

　クラス会議に関する書籍は、本書以外にも出版されていますが、私が講演や校内研修にお邪魔すると、ご参加の先生方の机上に置かれているのが本書です。本書は、クラス会議の理論的な部分を損なわないようにしながらも実践的な部分によりフォーカスし、まとめた実用性の高いものになっています。特に、第2章は新装版にあたり漢字にルビを振り、コピーして子どもたちに渡せば、そのままクラス会議マニュアルとして使用することができる画期的な作りになっています。

　教育の本質は、子どもの主体性を育み、自ら考え行動する力を養うことにあります。クラス会議はまさにこの理念を具現化する強力なツールなのです。新しい時代の教育に向けて、クラス会議はますます重要な役割を果たすでしょう。本書が、より多くの教育者の皆さまにクラス会議の魅力を伝え、実践の一助となることを心から願っています。

　最後に、この10年、共に実践を積み上げ、研究を深めてくださった全国の実践校の皆さま、そして、実践者の皆さま、そして何より、日々クラス会議に取り組み、成長を続ける子どもたちに心からの感謝を申し上げます。

赤坂 真二

はじめに

　クラス会議は、子どもが自分たちで話し合い、クラスの問題や個人の問題を解決していく会議です。安全に話し合えるプログラムとして確立されており、このクラス会議を導入することで、クラスの雰囲気がよくなり、子どもの自主性が高まり、教師と子どもの信頼関係も増します。
　本書は、このクラス会議を、どんなふうに始めるとよいか、わかりやすくまとめた本です。

　私は「教師の言うことを素直に聞き、整然と行動できるクラスよりも、賑やかでトラブルがあってもいいから、自分たちの生活の問題は自分たちで解決するクラスをつくりたい」という思いを、新採用のときからもっていました。
　そして、そんなクラスを実現するための方法論が、学級活動における話し合い活動であることは知っていました。だから、生活の諸問題を話し合う活動には、新任一年目から取り組んでいました。
　しかし、学級会が始まるや否や、下を向く子や手いたずらを始める子どもたち。そして、司会が「意見を出してください」と言うと、シーンとする教室。新採用の頃、何度こうした姿を目にしたことでしょう。
　また、お楽しみ会のことなど、議題によっては話し合いが盛り上がることもありましたが、声の大きな子の意見が通りやすかったり、多数決で押し切られた子どもたちは不満そうだったり。みんなが仲良くなるためのイベントの内容を決めているのに、話し合うほどに関係が悪くなっていきました。

　こうした状況に、絶望感に近いものを感じていたときに出会ったの

がクラス会議でした。しかし、いきなりクラス会議をやろうと思っていたわけではありません。

　自分の学級経営を思いつきではなく、少し系統立てて実践してみたいと思ったときに、アドラー心理学に出会い、そのなかの学級経営の一つの方法としてクラス会議が紹介されていました。クラス会議は、子どもたちの生活上の諸問題を話し合う活動でありながら、自分の話し合いに対するイメージを根底から打ち壊すものでした。

　アドラー心理学に基づくクラス会議は、子どもたちがより豊かに生きるための価値観を知らせ、スキルや態度を身に付くようにするために周到に組み立てられたプログラムでした。

　クラス会議は、子どもたちが手と手を取り合ってともに生きるために、とてもよく準備されていました。

　実際に自分のクラスでクラス会議を始めてみたところ、たくさんの感動的な場面に出会うようになりました。

　教師が解決しきれなかった問題を子どもたちが、大人が思いも付かないような方法で解決したり、一度話し合っても解決できなかった問題を何週間も継続して話し合い、解決してしまったり。

　また、ときには、転入してきて友達ができなくて心細い思いをしていた子の相談にみんなで乗り、その子の数週間に渡る悩みを、数分で解決してしまったり。

　そんな子どもたちの姿を見て、驚きを隠しきれない自分がいました。「なんなんだ、これは。クラス会議って一体？」

　というのが、クラス会議の効果を実感し始めた当時の私の正直な思いでした。

　それまでの私の話し合いの指導は、子どもたちの話し合いをうまく導かなくては、よりよい解決にもっていかなくてはという思いが強くて、私がすぐに助言という名の介入をしていました。しかし、私が入れば入るほど話し合いは、活気を失い勢いを失っていきました。

しかし、クラス会議の指導原理は極めてシンプルでした。クラス会議は、教師の介入をよしともしないし悪ともしないのです。話し合い活動には、「介入した方がいい」ということを主張する方もいれば、「してはならない」という真逆の主張をする方もいました。
　結論は、どっちでもよかったのです。介入するかしないかは方法論であって、もっとも尊重すべきことは、「子どもたちを信頼するかしないか」でした。その考えに基づく方法論は、「任せられるなら介入しない、わからないなら教える」という、極めてわかりやすいものでした。
　私が実践しながら得た実感は、「口を出さない方が、よい解決策を見つける」というものです。論点を整理した方がいい、脱線したら軌道修正した方がいいなどの指導原理も理解できます。また、そうした教師の介入が必要な場面があることもわかります。
　しかし、クラス会議は継続性の中で成果を挙げる実践です。論点が整理できていないために、曖昧な解決策をしてうまくいかなかったら、それでもいいのです。失敗すれば、子どもたちは学びます。次に失敗しないための方法を考えます。1時間で完結する「格好のいい話し合い」をして、学ばないよりも、格好が悪くてもいいから、学びのある話し合いを繰り返した方が遙かに子どもたちは育ちます。
　私たちがしたいことは、格好いい話し合いをする子どもたちですか、それとも、紆余曲折を恐れず問題に向き合い解決をする子どもたちですか。改めて問うまでもないことでしょう。

　そんな、仲間とつながりながら、自らの問題を自らの手で解決し、育ち合う子どもたちになるための方法論を示したのが本書です。話し合い活動は、やりたいと願う教師が大勢いる一方で、方法論がわからなくて、やれないという声も聞きます。
　私がかつて目にした感動的な光景を多くの先生方に味わっていただきたい、そして、何よりも一人でも多くの子どもたちに、自らの生活を自らの手でつくりあげる喜びを感じてほしいと思う願いが、本書の

根底にはあります。

　そして、本書の最大の特徴は、2章のマニュアル部分が子どもたちも読めるように、平易な言葉でイラスト満載で書かれていることです。「子どもたちが自ら」と繰り返し申し上げているように、クラス会議の効果を引き出すには、子どもたちにどれだけ委ねることができるかということが、かなり大きなポイントになります。
　本書では、クラス会議のマニュアルを教師と子どもたちが一緒になって読み進めながら、展開できるようになっています。本書を教室に一冊置いていただいて、クラス会議の前や途中に開きながら、読みながら話し合いを進めていただきたいと思います。

　本書の執筆にかかわったのは私だけではありません。クラス会議に注目する実践家は確実に増えていて、あちこちで「クラス会議、やっています」と声をかけられるようになりました。今回は現在現場でそのあふれる実践力で大活躍中の4人の実践家とともに書かせていただきました。近藤佳織氏、畠山明大氏は、私のゼミの修了生であり、その高い研究力と実践力で注目される二人です。クラス会議を私以上に使いこなし、今もその実践を進化させています。また、德安儀博氏、古澤正雄氏は、全校体制でクラス会議を取り入れた学校で、研究や実践を推進した中心人物です。先頭に立って授業を公開し自身がモデルとなって研究会を成功に導きました。

　本書はクラス会議をすぐに始めたいという方のために、やり方から考え方までできるだけ丁寧に書いたつもりです。皆さんの学級づくりのお役に立つことができれば幸いです。さらに進化したクラス、子どもたちの姿に出会えると信じています。

　　　　　　　　　　　　　　　　　　　　　　　　赤坂 真二

今こんなことに悩んでいませんか?

① 子ども同士のつながりが薄く、クラスがまとまらない。

② クラスに落ち着きがなく、私語も多く、雰囲気がよくない。

③ 子どもが自分から動かない、活気もない。

④ 一部の子の意見で物事が決まる。子どもの中に孤立や上下関係がある。

クラス会議をすると こんなクラスに変わります！

① 子ども同士がつながり始め、
　クラスがまとまる！

② クラスにあたたかい雰囲気が生まれ、
　授業も落ち着いて受けるようになる！

③ 子どもがどんどん自分の頭で考え、
　解決に向けて動き出す！

④ お互い協力する態度が出てきて、
　孤立やグループ化が解消される！

具体的なやり方へGO！

●目　次

序章　いま「クラス会議」がすごい！

1　クラス会議で子どもが育つ！ — 16
2　今、なぜクラス会議か — 20
3　クラス会議でこんなクラスに変わります！ — 22
4　クラス会議って？　学級会と何が違う？ — 24
5　クラス会議はこんなふうにやります — 26
6　クラス会議成功の秘訣 — 28

第1章　クラス会議でクラスはこんなに変わる！

1　ニックネームは私の誇り！ — 32
2　信頼を深めたお楽しみ会 — 36
3　実践した先生の体験から
　　1年生の「クラス会議」はじめの一歩 — 40

4 実践した先生の体験から
みんなでできるもん！ ― 46

第2章 クラス会議をやってみよう！

クラス会議を始める先生へ① ― 54

クラス会議を始める先生へ② ― 56

クラス会議を始める先生へ③ ― 58

子どもたちと一緒に読む「クラス会議の」進め方 ― 64

クラス会議の大事なところ ― 65

1 準備① 議題箱と議題用紙を用意しよう ― 66

2 準備② 議題用紙の書き方とルール ― 67

3 準備③ 議題を集めよう！ ― 68

4 準備④ 司会班を決めよう（役割） ― 70

クラス会議の流れ ― 72

5 輪になろう ― 74

6 トーキングスティックを使ってみよう ― 76

7 ハッピーさがし ― 77

8 前回決めた解決策をふり返ろう ― 80

- **9** 今日の議題を提案しよう ― 82
- **10** 解決策を集めよう ― 84
- **11** 作戦タイムをこう使おう ― 86
- **12** 解決策をしぼろう ― 88
- **13** 解決策を決めよう ― 92
- **14** 決まったことを発表しよう ― 94
- **15** 行動しよう ― 95

司会進行マニュアル ― 96

- **16** 教師が出るべきときはどんなとき？ ― 98
- **17** クラス会議を成功に導く教師のかかわり方 ― 100
- **18** こんなやり方は失敗しやすい ― 102

第3章 Q&Aでわかる！困ったときの解決方法

- **Q1** 司会者の決め方は？ ― 106
- **Q2** 議題が集まらないときは？ ― 108
- **Q3** 決まった子どもしか発言しないときは？ ― 110
- **Q4** 同じような議題が続くときは？ ― 112
- **Q5** 時間が足りなくなるときは？ ― 114

- **Q6** 議題が出過ぎるときは？ — 116
- **Q7** 議題を出す子どもが毎回同じときは？ — 118
- **Q8** 教師が出る場面はどんなとき？ — 120
- **Q9** 批判的な意見ばかりが続くときは？ — 122
- **Q10** 時間を確保するにはどうしたらいい？ — 124
- **Q11** 話し合いで意見が出ないときは？ — 126
- **Q12** いつも同じ子どもしか名前が出ないときは？ — 128
- **Q13** 同僚から理解が得られません — 130
- **Q14** ふさわしい議題やふさわしくない議題？ — 132
- **Q15** クラス会議の実施に批判的な子どもがいるとき — 134
- **Q16** 担任の願いと違う結論になったときは？ — 136

第4章 クラス会議で教師や学校も変わる！

1. 実践した先生の体験から
   クラス会議で学級・学校をつくる — 140
2. 実践した先生の体験から
   クラス会議で子どもも教師も変わる — 146

※本書は『いま「クラス会議」がすごい！』（2014年）の新装版として出版したものです。

序章

いま「クラス会議」がすごい！

クラス会議ってどんな実践なのでしょう。
クラス会議を実施するとどんなことがクラスに起こるのでしょう。
それは、これまで味わったことのない時間の始まりかもしれません。

1 クラス会議で子どもが育つ！

1 クラス会議とは？

　クラス会議とは「子どもたちが自分たちでクラスの課題を話し合い、解決策を考える会議」です。
　クラス会議では、子どもたちの生活から出てきたトラブルや課題を、あたたかく受容的な雰囲気の中で、相談したり話し合ったりして解決します。誰かの悩みごとに「～したらどうだろう」「～したらいいんじゃないかな」などと解決策をみんなで考え、援助します。お楽しみ会などの楽しいイベントを計画したりもします。

　クラス会議を実践してみると、じわじわとクラスが変わっていくのを実感します。簡単に言うと子どもたちが元気になるのです！
　今まで引っ込み思案だった子どもたちが積極的になり、子どもが次々といろいろな発案をして、クラスをよくしようと動き出します！
「え？　うちのクラスでもホームルームの時間に話し合いをさせているけど、そんな雰囲気にならないなあ」
　という人もいるかもしれません。
「クラス会議」では、次のような流れで話し合いをします。

「クラス会議」の流れ

1　みんなで輪になる。

2　子どもの中から選ばれた司会者があいさつし、話し合いの決まりをみんなで言う。
　　話し合いの決まりの例（あらかじめ話し合って決めておく）
　　・聞いていることを態度で示そう
　　・優しく言おう
　・人を責めない

3　クラスのメンバー同士でよかったことをほめ合う時間をとる（ハッピーさがし）。

4　前回のふり返りをし、今日の議題を発表する（あらかじめ議題を集めておく）。

5　議題に対して解決策を集め、しぼり込み、解決策を決定する。

6　決まったことを発表。司会と先生から今日のよかった点を話し、終わりのあいさつをする。

　話し合いは基本的に、子どもたちに任せます。
　教師は最初か最後にコメントするだけです。
　この、「子どもたちに任せる」というそれだけの会議が、少しずつ、クラスの雰囲気をものすごくよいものに変えていくのです！

以下は、クラス会議を経験した子どもたちの感想です。

- よくわからないけど気分がよくなった。この会議をしてみんなが優しくなった。
- クラス会議がこんなに楽しいとは思わなかった。クラス会議がこんなに楽しいのなら週に２回やりたい。
- クラス会議をこのままずっとやっていけばいいクラス、いい５年生になれると思いました。いいことを見つけたり、考えたり、することは大変だけど、クラス会議はいいと思いました。
- 毎日毎日いっぱいいいことをしている人とされている人がいるんだなと思った。これからいっぱいいいことをしていきたいと思いました。

「なんでこんなにクラスが変わるのだろうか」と思った私は、クラス会議が子どもたちに及ぼす影響を調査しました。するとクラス会議を実施してからおよそ２か月（10週間）後くらいに、次のような変化が起こったことが確認されました。

1　子どもたちのクラスへの満足感が上昇します。
　　　クラスに人を傷付ける言動や排他的な言動が減り、認め合い助け合う動きが増えます。その結果、一人ひとりがクラスに居場所を見つけ、居心地がよいと実感する子どもが増えます。
2　子どもたちの学校生活への意欲が上昇します。
　　　子ども同士の人間関係やクラスの雰囲気がよいと感じる子どもが増え、また、学習に対する意欲も高まります。
3　クラスの雰囲気がよくなります。特に、受容的であたたかい雰囲気と規則正しさとまとまりのよさが顕著に高まります。
4　人に配慮し、思いやる意識が高まります。
5　クラスへの肯定感が高まります。つまり、子どもたちが自分のクラスを好きになります。

この調査結果は数値や子どもたちの行動の詳細な分析から得られた事実です。

2　子どもが自分で考え始める

　クラス会議を実践してみると、クラスのまとまりがよくなり、子どもは自分たちのクラスを好きになります。互いに思いやりをもってあたたかく接するようになります。しかも、やる気が高まるのです。
　しかし、私が本当に注目しているクラス会議の力は、次のようなところです。
１　互いの違いを乗り越え、折り合いをつけて意志決定する力。
２　協力して問題解決をする力。
３　問題を抱える個人のために自分のできることを考え支援する力。
４　行動した結果をふり返り修正する力。
５　自分たちの生活の向上のために課題を見つけ出す力。
　みなさんのクラスの子どもたちは、自分で考えて積極的に行動していますか？　子どもたちは、明るく楽しそうに生活していても、実は教師が一生懸命先導している状態で、クラスのまとまりもやる気も教師次第だったりする場合があります。教師がそうした頑張りをやめると、クラスも一気に停滞したり、ときには「荒れて」しまったりすることがあります。
　クラス会議をしていると、子どもたちが自ら動き出す姿に気付くでしょう。たとえていうと、子どもたちが自分のコンピュータを持ち、自分のエンジンで動き、自分をメンテナンスし、向上させる力をもつのです。教師の指示を受け、教師に促され行動し、教師に注意されたり、叱られたり、ほめられたりすることで行動を推進、改善していた子どもたちが、自ら考え、自ら動き、自ら修正と成長をするようになるのです。

2 今、なぜクラス会議か

1 教師としかつながっていないクラス

　学力を高めることに関心が集まる現在、なぜ、今、クラス会議なのでしょうか。その必要性は何なのでしょうか。

　最近、クラスがうまくいかなくなった理由として、子どもたちの社会性に関する課題が指摘されています。つながる力が弱くなったとの指摘です。今多くのクラスで見られるのが、クラスの人間関係の「鵜飼い型構造」です。

　つまり、教師が鵜匠で子どもたちが鵜のような状態になっているのです。子どもたち同士のつながりが弱いので、教師が目を離したり、担任が代わると比較的短時間のうちにクラスの体をなさなくなることが起こります。鵜匠のいない鵜のような状態になるのです。

2 クラス会議は学級づくりの発想の転換を促す

　「まとまりのあるクラス」に育てるには、発想を転換しなくてはなりません。

　私も以前は、クラスは教師がつくらなくてはならない、まとめなくてはいけないと考えていました。子どもへの指示や投げかけを一生懸命考え、子どもを盛り上げるにはどうしたらいいのか、そしてどうやって指導したらいいのかと思い悩んでいたのでした。

　しかし、私が一生懸命動けば動くほど、子どもたちの活動は沈滞し、

クラスはバラバラになっていくように見えました。理想はまとまりのあるクラスでしたが、自分が頑張れば頑張るほど、現実は理想とかけ離れていきました。
「クラスは自分がつくらねばならない」と思い込んでいたのです。

　しかし、**クラス会議が私に教えてくれたのは、「クラスは子どもたちとつくるものだ」ということです。**
　まとまりのあるクラスをつくるためには、教師だけの力でクラスをまとめようという発想を捨てることから始めなくてはいけないと気付かされました。
　教師がやるべきことはクラスをまとめようとすることではなく、子どもたちが協力して課題を解決すべき場を設定することだったのです。子どもたちが、力を合わせることは素敵なことだと実感し、自ら力を合わせたと思えるようにするシステムをつくることだったのです。
　頭ではわかっていたのかもしれません。しかし、そのための手立てがわからなかったのです。クラス会議を実践してみて、その具体的方法がわかりました。それまでの私は、子どもたちができることを奪い取って、子どもたちが成長する機会を摘み取っていました。
「クラス会議」を行うことで、子どもたちは「クラスは自分たちでつくっていくものなんだ」と自然に認識していきます。そして、実際に、自分たちの問題を自分たちで解決し、自分たちでクラスをつくっていくようになります。

　なにしろ、私がクラス会議を始めて数か月経ったクラスでは、女子のグループの問題をクラス会議で話し合い、見事に解決していました。互いの座席位置まで配慮しながら、です。私は一言も口をはさまずに、黙って教室にいただけです。
　そんな夢のようなことを、「クラス会議」は実現するのです。
　さあ、夢のクラスへの実現へ、チャレンジしてみませんか？

3 クラス会議でこんなクラスに変わります！

1 クラスがまとまる

　繰り返しクラスで課題を話し合い、よりよい生活の仕方を全員で考え、よりよいクラスの在り方を意識するようになるので、クラス内の活動に対して、協力的になります。どんどんクラスのまとまりができていきます。

2 ルールを守るようになる

　クラス会議では、クラスの課題に対する解決策を考えたり、その結果によりルールを決めたりします。その「ルール」は教師に「言い付けられたもの」ではなく、子どもたちが自分たちで決めたものです。自分たちで決めたルールだから、守ろうとする意識も高まります。

3 あたたかい雰囲気ができる

　クラス会議は、話し合いをします。クラス会議で行う話し合いは、相手を「言い負かす」ものや「言いくるめる」ものではありません。「わかり合う」ことを大事にします。だから、言い方や聞き方も、相手にとって気持ちのいいものを目指します。わかり合うための話し合いですから、話し合いを続けるうちにクラスにあたたかい雰囲気ができてきます。

4 自ら動き出す

　クラス会議では、クラスの課題を解決するばかりではなく、楽しい企画を決めたり、クラスがよくなるための行動プランを決めたりします。自分たちでクラスを楽しいもの、よりよいものにするためにアイディアを出し、話し合い、決定し、動き出します。先生に楽しく盛り上げてもらっていた子どもたちが、自分たちで楽しいクラスをつくるために行動を始めます。

5 グループ化や男女対立が解消する

　グループ対立や男女対立は、そもそもコミュニケーションが足りないことに起因します。互いにコミュニケーションをとっているうちに、強固なグループ化や意味のない男女対立をしているよりも、協力し合った方がよさそうだということに気付きます。

6 自分たちで問題を解決する

　これはクラス会議最大の効果と言っていいでしょう。クラス会議を繰り返すことで、子どもたちは問題解決の方法を学びます。すると、トラブルが起こると、「じゃあ、話し合おうか」と言って話し合って解決をしてしまうような場合もあります。クラス会議を開こう、なんて言わなくても、自主的に当事者がミニクラス会議のようなものを開いて、解決をする姿が見られるようになれば本物です。

4 クラス会議って？学級会と何が違う？

　簡単に言うと、クラスの課題や個人の悩みをクラスみんなで解決する話し合い活動です。
　これまでの学級会のような話し合いとは何が違うのでしょう。

1　個人の悩みも議題として話し合う

　これまでの学級会ではイベントの計画やクラスのルールを決めることはよくやりましたが、個人的な悩みを話し合うようなことはあまりしませんでした。
　クラス会議は、一人ひとりの悩みや相談ごとも、議題として提案されれば話し合います。
「朝、起きられなくて困っている」
「兄弟げんかでお兄ちゃんにいつも意地悪されて困っている」
などクラスメートの悩みをみんなで真剣に話し合えるクラスも素敵だと思いませんか。

2　計画委員会を開かなくていい！

　また、子どもたちが話し合いたいと思ったことは、どんな議題でも話し合うことが可能です。議題箱に入れられた議題は、基本的には全て話し合います。したがって、計画委員会のようなグループ会議を開いて、議題を決めるための事前の打ち合わせはしません。

3 自由に話せるからクラスが変わる

　クラス会議は、自由に話せる雰囲気を大事にします。
　理想としてのイメージは、全員で井戸端会議、または、おしゃべりをしている感覚です。
　整然としてお行儀のいい話し合いをすることが悪いとは言いません。しかし、クラス会議で一番大事にしたいことは、話し合ったことによってクラスが前よりよくなったり、一人ひとりの悩みが解決することです。
　もちろん、全員が気持ちよく話し合うためにはルールが必要です。しかし、堅苦しい雰囲気になって話そうとする子が減るくらいなら、おしゃべり感覚でたくさんの意見が出る方を大事だと考えるのがクラス会議です。

4 話し合いよりも聞き合い、わかり合い！

　クラス会議は話し合うことが目的ではありません。主張するよりも受け入れること、わかり合うことが最も大事です。
　意見を戦わせるというイメージではなく、聞き合うことを大事にします。お互いに意見の同じところは何なのか、違いは何なのか、そして、どうしたら一緒にやれるのかをさがすのがクラス会議です。

5 クラス会議はこんなふうにやります

1　椅子だけで輪になります。
2　最初に「いい気分になったこと」「感謝したいこと」「ほめたいこと」を言う時間を必ずとるので、あたたかい雰囲気になります。
3　「誰の話でも最後まで聞く」「人の意見を否定しない」「人を責めずに優しく言おう」というルールで話し合います。

4　子どもが議題を考え、司会もします。協力して問題を解決すること、お互いに助け合うことを重視して進めます。
5　自分たちの力で決めて、まず、行動してみます。うまくいかなかったら、また解決策を考えます！

6 クラス会議成功の秘訣

　クラス会議をやるだけでクラスがうまくまとまり、成長するわけではありません。ダイエット食品だって、「三食のうち一食をこれに代えれば、必ず痩せる」というものは効きません。適切な運動をすることや、食べ過ぎないことなどの留意事項があります。ここでは、クラス会議を効果的に実践するための留意事項を示します。

1 成功は継続にあり

「継続は力なり」と言いますが、クラス会議は特に継続していくことで成功が見えてくるものです。

　最低でも１週間に一度以上、２か月くらい続けて、ようやく担任に効果が見えてきます。「つまみ食い程度」に実践したくらいでは効果は見られません。むしろ、子どもたちが自分の問題や課題に向き合うわけですから、最初の頃は「嫌だ」と言う子がいても不思議はありません。子どもたちが自分たちでクラスを改善するように育てていく活動ですから、効果を実感するまでには時間がかかります。

　しかし、一度、子どもたちがクラス会議のよさを自覚し、自ら動き出したら、教師はその成長が本物であることを実感できるでしょう。

2 目的は生活改善

　クラス会議の目的は、生活の改善です。どんなに上手に話し合って

も、クラスが変わることを子どもたちが実感しなかったら、話し合いのための話し合いになってしまいます。逆に、話し合いが稚拙でも、話し合ったことによって、クラスが変わったら成功です。

　だから、教師は、話し合いの後の子どもたちの行動に関心を払ってください。教師が話し合いの後の行動に関心を持つほど、クラスは変わります！

3　試行錯誤の先に光が見える

　たいていの課題は、一度話し合えば解決します。しかし、中にはなかなか解決しない場合もあります。そんなときには、継続的に議題を出すように声をかけてください。「解決策がうまくいかなかった」という経験が子どもたちを鍛えます。そして、「失敗を乗り越えてうまくいった」という経験が子どもたちを飛躍的に伸ばします。

4　腹をくくって任せる

　クラス会議は言い換えれば、子どもたちが「自分たちでクラスをつくる活動」だと言えます。だから、教師が指示したり、仕切ったり、子どもたちの行動の結果に責任を持っているうちは、結局は、教師主導の活動と変わりません。

　クラス会議がクラス会議として機能し、クラスが育つためには、子どもたちに任せる覚悟が必要です。だから、話し合って決めた以上は、たとえ教師でも、その決定を覆すようなことがないことが望ましいです。

5　出るときは出る

　だからといって、全てを子どもに任せるわけではありません。「人権」「お金」「授業時数」のことなど、子どもに任せっきりにしていいわけではありません。適切な指導が必要です（第２章でも説明します）。

第1章

クラス会議で クラスは こんなに変わる！

クラス会議を実践した先生が語る話し合いがもたらした、さまざまなドラマを紹介します。
冒頭の二つのエピソードは赤坂の体験から、次の二つは現役の先生の体験からのエピソードです。

1 ニックネームは私の誇り！

1 トラブル発生！

　カナさん（小5・仮名）は、クラスメートのタツロウくんから時々嫌がらせを受けていました。
　すれ違いざまに「カナカナ〜」、「カナブン」（コガネムシの一種）などと嫌な呼び方で呼ばれることがしばしばありました。カナさんは、それがとっても嫌だったのですが、体も大きく、怒ると暴れることもあるタツロウくんには、「やめて」と言えませんでした。
　友達に相談すると、彼女たちは言いました。
「カナちゃん、クラス会議に議題を出してみたら？」
　カナさんは自分のことをクラスで話し合うことに少し抵抗があり、「でも……」と議題として書くことを渋りましたが、周囲の強い勧めもあり、議題用紙に相談内容を書いて議題を提案しました。

2 意外な解決策

　クラス会議が始まり、議題が読み上げられました。
「今日の議題は、カナさんからです。『嫌な呼び方で呼ばれて困っています。私は、変な呼び方で呼ばれたくありません。どうしたらいいですか？』」
　司会が尋ねました。
「カナさん、この問題は解決しましたか？」

カナさんは、
「まだです。話し合って欲しいです」
と答えました。このクラスのクラス会議では、議題を話し合うかどうか確認することになっているので、いつものように確認が行われたのです。
　みんなが議題を理解すると、トーキングスティック（P.76参照）が回り始めました。
「嫌な呼び方をする人に『嫌だ』と言えばいいと思います。多分、そこまでカナさんが嫌だと思っているとわかっていないんじゃないですか」
「気付いたら、周りの人が注意してあげたらいいと思います。カナさんは、言えないから議題に出したんだと思います」
「パスさせてください」
などと、パスや意見が出されることが繰り返され、トーキングスティックがクラスの半分ほど回ったときです。
　ヒカルくんが意見を言ったところで大きな拍手が起こりました。
　私は、一瞬何が起こったかわかりませんでした。彼は、こう言ったのです。
　「全員に、あだ名を付ければいいと思います」
　みんな「いいね、いいね」「その手があったか」と言っています。私はヒカルくんの意図がよくわからなかったので、聞きました。
「ヒカルくん、ちょっといいですか？　カナさんは、あだ名を付けられて困っているんですよ。それなのに、あだ名を付けるんですか？」
　すると、彼は笑顔で応えました。
「あのね、先生。だから、人に嫌なあだ名を付けられるから困っているんでしょ。だから、自分で呼ばれたいあだ名を付けてそれで呼び合うことにしたらいいんじゃないですか」
　みんな、「うん、うん、そうそう」とうなずいていました。
　その様子を見て、司会が続けました。
「みなさんどうしますか？　それでもいいですか。他に意見はありま

すか？」
　みんなは、大きな拍手で応えました。
「じゃあ、この後どうしますか？」
　と司会が問うと、ある子が言いました。
「これから、呼ばれたいあだ名発表会にしたら？」
　また、大きな拍手が起こりました。
　これは、クラス会議としては少し変則的な議題です。最初は、カナさんの個人的な悩み相談だったのですが、この時点で、クラスのルールづくりとなりました。ただ、この場合は、ヒカルくんの意見に全員が賛成したので、ルールを検討する話し合いは行われませんでしたが。

３　カナさんが自分に付けたニックネーム

　トーキングスティックが司会に戻りました。
　司会がまず自分のニックネームを言いました。以下、次々と自分のニックネームを発表していきました。
　多くの子どもたちが、今、呼ばれている名前を再度確認していました。中には、「男子はこう呼んでください、女子はこうね」なんて細かいリクエストをしている女子もいて、笑いをとっていました。
　トーキングスティックがカナさんに近付いてきました。みんなカナさんがどんなニックネームを付けるのか興味深く注目していました。
　実は、カナさんは４年生までニックネームがありませんでした。そのことを気にしていて「私には親友がいない」と、私に相談にきたこともあったくらいです。女子にとってニックネームがあるということは、仲間や親友がいるという証しみたいなところがあるのでしょうか。
　ヒカルくんが解決策を提案したとき、最も喜んだのはカナさんだったのかもしれません。
　カナさんがトーキングスティックを受け取りました。そして、スクッと立ってこう言いました。
「今日から、私のことをマイケルって呼んでください」

これには、ビックリのみんな。中には転げて喜ぶ男子もいました。勉強熱心で教室ではあまり冗談を言うことがなかったカナさんが、自分を某超有名アーティストの名前で呼んで欲しいという、そのギャップにビックリするやら喜ぶやらでした。
　そしてもっと拍手が起こったのが、隣の席の女子がこう言ったことです。
「それでは、みなさん、私のことはジャクソンと呼んでください」
　二人合わせたら、どういうことになるかみなさんおわかりですよね。スタートのときの深刻な雰囲気とは違って、拍手と笑顔でこの日のクラス会議は終わりました。

4　クラス会議の結果が彼女の誇りに

　このエピソードには後日談があります。マイケルことカナさんは、私のもとを旅立ち、中学校も卒業し、高校受験で志望校に見事合格しました。そして合格報告のために、私に１枚の葉書をくれました。そこには、こう書かれていました。
「先生、お陰様で○○高校に合格することができました。ありがとうございました。先生、ちなみに私、中学校３年間ずっと『マイケル』って呼ばれていました！」
　彼女にとって、自分で付けたニックネームは誇りだったようです。

2 信頼を深めたお楽しみ会

1 授業が成り立たなかった４年Ａ組で

　４年Ａ組は、前年度、授業が成り立っていませんでした。
　私語や立ち歩き、また、けんか、特定の子に対する仲間外しなど、「荒れた」クラスを絵に描いたような状態でした。
　そんなクラスを担任することになりました。
　出会ったときから、ある意味「彼ららしさ」を発揮していました。
　初日、清掃の指示をすると、一斉にこんな声がしました。
「え〜、なんでそんなことをしなくちゃならないの？」
「なんで、そうじなんてするの？」
　しまいには、
「先生、その顔うざいんですけど〜」
　出会ったばかりの教師にこれですから、子ども同士でも相当のやりとりをしていました。
「うぜ〜」「死ね」「ボケ」など、人権を無視するような言葉のオンパレードの日々でした。
　そんなクラスに何とか安心できる日常を送らせたいと、クラス会議に取り組み始めました。

2 「クラス会議は、やだ」

　そうは言っても、いきなり話し合いは難しい状況でした。話し合い

を始めればすぐにいがみ合い、罵り合いになります。特に男女対立は「根深い」ものを感じました。

ですから、最初から話し合いをするのではなく、「ふわふわ言葉・チクチク言葉」の授業をしたり、コミュニケーションのルールをつくる活動をしながら、徐々にかかわりを増やしていきました。

しかし、ずっとルール無き生活をしていた彼らには、私の要求は少々きつかったようです。あるとき一人の女子に言われました。

「先生、また、あれ（クラス会議）やるの？　あれ、やだ。おもしろくない」

コミュニケーションルールをつくる活動も「クラス会議」と称して実施していました。話の聞き方や人を傷付けない言い方の授業は、彼らにとっては窮屈な時間だったようです。

それでまずは、彼らと昼休みや放課後、遊びました。遊んで遊んで遊びまくりました。1対1のおしゃべりもたくさんしました。そういうことをしながら、1学期の後半くらいから話し合いを導入していきました。

3　いきなり男女対立

それでも段々とクラスらしくなってきた彼らから、「お楽しみ会がしたい」と議題の提案がありました。「もっと仲良くなりたい」とのこと。話し合いが始まりました。トーキングスティックが回ると、いろいろ意見が出てきました。話し合いが進むうちに、男子の多くは、サッカー大会を支持しました。一方、女子のほとんどと男子の一部は、バドミントン大会がいいと主張しました。

サッカー派は持ち前の主張する力で、グイグイ、サッカーがいいと言っています。サッカー派は、発言力が強いのはいいのですが、口も出すけど手も出すメンバーです。クラスが混乱しているときは、かなりやんちゃで攻撃的な言動が目立っていました。その勢いのままに段々とヒートアップしてきて、雰囲気が険悪になってきました。

しかし、そのまま多数決に持ち込めばバドミントン派は勝つだろうと予想されました。その勢いに乗り、バドミントン派のリーダーの女子が意を決してこう言いました。
「サッカーが悪いとは言いません。でも、去年もサッカーをやったけど、こうやって一部の男子が暴力的にものを言ったり、ずっとボールを持っていて全然おもしろくなかったんです。だから、サッカーは嫌なんです」
　これには、サッカー派の男子は黙るしかありませんでした。事実だったのでしょう。
　サッカー派のリーダーは、司会に作戦タイムを要求しました。「ちょっと相談させてほしい」とのことでした。彼は、サッカー派を集め円陣を組みごにょごにょと話し始め、数分後に円陣を解きました。

4　サッカー派のお願い

　彼は姿勢を正しました。そして、こう言いました。
「バドミントン派のみなさん、ぼくたちはどうしてもサッカーがしたいんです。それで、どういう条件ならば、サッカー大会を許可してくれますか？」
　彼の緊張ぶりやさっきの攻撃的な雰囲気から一転した真剣なその表情がおかしくて、女子たちが吹き出しました。バドミントン派は、
「わかりました。ちょっと私たちも相談させてください」
と言って、大きな円陣をつくりました。
　しばらくして、こう言いました。
「では、ルールをつくってください。私たちも楽しめるような……」
　それを聞いて、サッカー派はガッツポーズしていました。そして、立ち上がって言いました。
「あ、ありがとうございます！」
　そこから、ルールや試合の実施方法をみんなで話し合いました。そして、次のようなものに決まりました。

①男子は利き足ではない足でシュートする。
　②女子のシュートは２点。
　③男女混合１試合、男女対抗１試合、計２試合をする。
　当日は、何だかみんなウキウキしていました。試合が始まると、校庭には彼らの元気のいい声が響きました。そして、男女対抗戦では女子のシュートが決まって、女子チームは大盛り上がりをしていました。
　普通のクラスから見たら、ただのサッカー大会かもしれません。しかし、このクラスにとっては、仲良くなりたいという願いのもとに、自分たちで決めたルールで楽しい時間を過ごせたという事実は、とてつもなく大きい意味をもったようです。クラスのターニングポイントになる出来事だったことは間違いありません。

5 「先生、来年もぼくたちの担任するの？」

　ある日、一人の男子に質問されました。
「先生、来年もぼくたちの担任するの？」
「どうして？」と聞くとこう答えました。
「先生が担任だったら、クラス会議、やってほしいな」
　クラス集団の成長が全てクラス会議によるものとは言いませんが、間違いなく一役買ったようです。

3 実践した先生の体験から

1年生の「クラス会議」はじめの一歩

近藤佳織

1　1年生のクラス会議！　スタートの配慮

　教員10年目に「クラス会議」を知りました。「クラス会議」を知り、私が一番変わったところは、子どもを尊重するようになったこと、特に子どもに決めさせることを意識するようになったことです。クラス会議を知らなかった頃は、担任がクラスを引っ張るリーダーシップをとってきました。

　しかし、クラス会議を知り、「子どもが自分たちのことは自分たちで決める」という学級づくりをしたいと強く思うようになりました。

　そして、1年生のクラス会議を、6月からスタートさせました。

　導入では、クラス会議とは何か、なぜ行うのか、その説明を1年生なりに簡単に行い、まずは活動が楽しいと思わせることを心がけました。

　1回目は次のように話しました。「これからみんなでもっと仲良くなりたいから楽しいことをしたり、もっといいクラスにしたりするために大事なことを決めるとき、輪になって会議をしたいんだ」

　子どもたちからは「会議？　なんかかっこいい！」「やりたい！」との声があがりました。どんなことをするのかなと期待をもっており、わくわくしながら話を聞く子どもたちの姿が印象的でした。

　「これから椅子だけで丸をつくりたいんだけど、他のクラスは勉強しているし、どうしたら上手にできるかな？」と切り出しました。

　子どもたちからは、「しずかに」「押さない」等が出ました。

その後、「どんなことに気を付ければいいかな？」と聞くと、「しずかに」は「しゃべらない」「机をガタガタさせない」。押さないは、「ゆずる」が出ました。子どもたちの意見は全て認め、板書しました。
　その後、「じゃあ、今みんなで考えたことに気を付けて椅子で丸をつくってみよう」と投げかけました。隙間が開いたところを「もっとつめて」という子もいて、後で「おかげできれいな輪になったね」と声をかけました。机を二人一緒に運んでいた子もほめました。
　クラス会議を初めてする際には、１年生では特にできたこと、やろうとした姿を取り上げて驚いたり、肯定的な言葉をたくさんかけたりすることで楽しい雰囲気をつくることが大切だと思います。

2 まずは、輪になる！　互いの顔が見えるよさ

　この日、輪になった後は、自分が言われると嬉しくなる言葉を言っていきました。「ありがとう」「いっしょにあそぼう」「かわいいね」「すごいね」などが出ました。あたたかい雰囲気に包まれた１周目でした。
　２周目は、「いい気分になったこと」を言っていきました。「〜がたのしかった」「〜がうれしかった」「〜がいいとおもった」といくつか例示しておきました。お昼休みに遊んだこと、生活科で公園に行ったことなどが出ました。友達のことが出たときには「誰が誘ってくれたの？」と聞き、名前も言ってもらいました。
　１年生ですから、最初からプログラムどおりにはできません。でも、ステップを踏み、徐々にできるようになっていきました。
　最後に「聞く」と「聴く」の違いを漢字で示し、聴くロールプレイでは、うなずくことを教えました。
　うなずいて話を聴いてもらった子が「すごくうれしかった」と笑顔。輪になり、顔を見ながら聴くよさを感じたクラス会議１回目でした。

3 自分たちで輪になっていた！ 嬉しい驚き

　ある日の5時間目、教室に行くと、そこには椅子だけで輪になっている1年生の姿がありました。感激しました。
　朝の会の話のときに今日の予定は話してありましたが、まさか自分たちだけで輪になり始めているとは予想していなかったのです。
　「先生、感激！」と言い、おおいにほめました。クラス会議を楽しみにしていた男子を中心に輪をつくり始めたようでした。
　自分たちで考えて準備したことをほめ、いい雰囲気でクラス会議がスタートしました。
　クラス会議では、「誰かに感謝したいこと」を言いました。「かんしゃってなに？」の質問には「～してもらってありがとうって思ったことだよ」と説明しました。
　友達の名前を挙げて、してもらって嬉しかったことを言っていき、言われた人は「ありがとう」や「いや～それほどでも」などと反応して欲しいことも加えました。「いや～それほどでも」で返した子の反応で笑いが起きました。場が和みました。
　多くは「一緒に遊んでくれてありがとう」「～を貸してくれてありがとう」でした。ありがとうを言ったり聞いたり、友達の名前を呼んだりすると、クラスが何とも言えないよい雰囲気になりました。
　「いい気分・感謝」だけで15分かかりました。「だんだんみんながさっと言えるようになって、時間が短くなるといいね」とできたことを認めて終わりました。

4 「自分だけ」から「みんな」意識へ

　クラス会議を翌週からも継続的に続けて、みんなで決めたクラスのルールを教室に掲示し、ルールを増やしていきました。
　例えば、決まったルールは「いただきますをしたら、すぐにもぐも

ぐタイム」「牛乳パックはぺちゃんこにしよう」「友達にあたたかい言葉をかけよう」などです。

　ルールの内容はどんなことでもよいのです。大事なことは、「自分たちでクラスをよくしていくためにルールを決める」ということを、体験を通してしっかり教えることです。最初は、担任が気になることがあると投げかけ、話し合う形をとり、みんなでルールを決めることを軌道に乗せていきました。

　そのとき、大事にしたことは、必ず子どもたちの承認を得て、「みんなで決めた」という手続きを確認したことです。

　クラス会議で決めたルールは番号を付け、教室に掲示しました。

　あるとき、ルールが増えた掲示を見た男子が、「みんなでいっぱい決めたねぇ」と私に言いに来ました。

　子どもたちが、みんなで決めたルールが多くなることでクラスの歩みを感じ、自分のことだけでなく、クラスのみんなという意識が生まれてきたからこその言葉でした。

　普通は低学年は、とにかく自分が世界の中心です。クラスという集団の中にいても、先生と自分の関係で考えている場面がとても多いものです。

　しかし、クラス会議を通し、身体の成長とともに「自分だけ」から「みんな」へと意識が高まっていくことを感じました。

5 「いい気分・感謝・ほめ言葉」で自己肯定感がアップ！

　クラス会議を実施し始めたとき、まずは「みんなで話すって楽しいな」「話を聴いてもらうっていいな」と感じさせられるようにしたいと考えました。

　クラス会議の初期の段階では、「いい気分・感謝・ほめ言葉」でスタートし、クラスの雰囲気をあたためます。本格的なクラス会議まではためらいがあっても、この活動だけを取り入れることなら手軽にできるし、教室にあたたかい雰囲気が広がるのでお勧めです。

私のクラスでは、発言を保証すること、話す人に注目させるために、ぬいぐるみを持った人が話すようにしていきました。
　普段、なかなか自分から話さない子もいましたし、「いい気分・感謝・ほめ言葉」そのものが難しく、言えない子もいました。
　そのため、「考えても思い出せないときはパスします、でもいいよ」「友達の言うのと同じときは、『○○さんと同じで、□□さん〜してくれてありがとう』でもいいよ」とも付け加えてスタートしました。
　始めた当初は、３〜４名のパスが続きました。しかし、何度か実施するうちに、何かしら言えるようになっていきます。
　あるとき、１周目でみんなが言え、それだけで「やった！」の声が上がりました。「誰かの素敵なところ、ありがとうって思うことを見つけられることはすごいこと」と話し、みんなで喜び合いました。
　回数を重ねるうちに、「遊んでくれてありがとう」が、「〜さん、九九のタイムがはやくなってすごいね」「〜さん、こぼしていないのに、床をふいていたね。わたしも見習いたいです」など友達の頑張り、よさを共有する発言が増えていきました。
　１年生の終わりには、「『いい気分、かんしゃ、ほめことば』は、聞いていていい気分になったのでやってよかったです」という感想が聞かれました。

６　みんなで決めたことを守り、生活に生かそうとする意識

　みんなで話し合って決める、その過程が大事なのだということを子どもたちが教えてくれた出来事がありました。
　２年生の６月、ドッジボールが流行っていました。休み時間になるとグラウンドに飛び出し、男女関係なく遊んでいたので、楽しそうだなぁと思って見ていました。
　しかし、あるとき、女子が「ボールが取れないし、パスって言っても、（自分には）回してくれない。嫌だ」と泣いて教室に戻ってきました。「みんなに相談してみる？」と尋ねると、「うん」と言うので、

クラス会議で話し合いました。

　どうしたらいいかというアイディア出しでは、「ボールを取るのがドッジボールだから（自分が投げられなくても）しかたがない」などと言う子はいなくて、遊んでいて楽しくないと言った女の子の気持ちを考えながらの発言が続きました。優しい子どもたちです。

- じゅんばんになげる。
- じゃんけんする。
- 同じ人にボールを渡さない。
- 同じ人は２回れんぞくでなげない。

　ドッジボールを楽しむ子は多いので、解決策をみんなで選んでもよかったのですが、提案した子に選んでもらいました。すると、「同じ人は２回連続でなげない」を選び、それがルールになりました。

　子どもたちは、この解決策を翌日から早速実施していました。取ったボールをすぐに投げず、投げていない人にわざわざ回しているので時間がかかっていましたが、不満を言う子も出ずに楽しそうにやっていました。すぐボールが投げられず、効率はよくなくても、みんなで決めたことを守って遊ぶ子どもたちに、成長を感じました。

　それはドッジボールに限らず、サッカーでも、鬼ごっこでも同様でした。

　遊びの中で問題が起きたとき、「どうする？」「〜しようよ」と決め、それを受け入れるようになりました。トラブルを２年生なりに自分たちで乗り越えていくたくましさを身に付けたのは、間違いなくクラス会議という場でみんなで決めたことが影響したと考えています。

4 実践した先生の体験から

みんなでできるもん！

畠山明大

　クラス会議を続けると、子どもたちが教師を頼らなくなります。何でも自分たちでやるようになります。

1 係や当番はできるだけない方がいい

　クラス会議を続けていると、子どもたちが、言われなくても自分から動くようになります。それは、担任からの指示で「やらされる」のではなく、自分たちで決めた解決策によって、自ら「やる」ようになるからです。担任からも常々、「何事も進んで人のために動ける人になってほしい」とか「可能な限り、当番や係は少ない方がいいね」と話をしますが、そんなこともあって、6月を過ぎたころに給食当番をなくすことになりました。

2 うまくできているように見えた給食準備

　給食当番をなくすということは、「今週は、Sさんから I さんまでが給食当番。食器を運んでくるのはAさんで、牛乳はMさん。おかずの盛り付けは……」といった、一切の役割分担をなくすということです。5年生の子どもたちは当然のことながら、これまで細かく当番が決まっていましたから、はじめのうちは混乱し、うまくいきませんでした。
　「まだ牛乳とってきてないよ。あっ！　机もまだ拭いてない……」

「いいよ。この仕事はオレ一人でやるんだってば！」
といった声が飛び交います。教室のあちらこちらでトラブルが起こるのです。それでも、子どもたちは試行錯誤を繰り返し、当番なしでの給食準備を続けました。

給食当番をなくしてから1か月後くらいになると、混乱もほとんどなくスムーズに準備ができるようになっていました。

しかし、一見、うまくできている給食準備も、よく見ると多くの問題が潜んでいました。

3 どうする!?　給食当番復活？

9月。給食準備に関する議題がクラス会議に提案され、その問題が明らかとなったのです。その問題とは……

・大変な仕事をする人と、簡単な仕事をする人が固定化してきた。
・給食準備を手伝わない人がいる。
・後片付けを手伝わず、早々に遊びに行ってしまう男子がいる。

クラス会議で一気に問題が噴出しました。子どもたちの話し合いは、「給食当番を復活させるかどうか」からスタートしました。

当番がある方が全員平等という"復活賛成派"と、自分たちの心がけ次第で、当番がなくても準備ができるという"復活反対派"で、白熱の話し合いが行われました。

話し合いは、授業終了時間がせまっても終わらず、最後は多数決。結果は、これまでどおり当番なしで給食準備をすることになりました。そして、翌週のクラス会議でアイディアを出し合い、子どもたちは、自分たちなりの解決策を選んだのです。

・同じ仕事を2週続けてやらない。
・1か月のうちに、必ず全員が全種類の仕事を行う。

上記の解決策は子どもたちが紙に書き、教室に掲示されました。そ

の後は、机拭きや配膳、食缶の運搬などの役割を全ての子が平等に行うようになり、主体的に行動するようになりました。そして、これ以降、給食準備についての議題がクラス会議に出されることはなくなりました。

4 白熱クラス会議！ そのとき担任は？

　給食当番について話し合ったクラス会議の最中、担任は極力、口を出しませんでした。輪から少し離れた場所に座り、子どもたちの発言のたびに表情を変えないように気を付けていました。それは、口出ししてしまうと、子どもたちのクラス会議に対する意欲がなくなるからです。

　実際、解決策の中には、「その解決策、効果あるのかな？」とか「それを解決策に選ぶと、別の問題が出そうだな」といったものもありましたが、介入はしませんでした。クラス会議での担任の役割は、普段の学級経営においてもそうですが、"過度に世話しない"という点で共通しています。ついつい口を出したくなるのをグッとこらえることも、担任の大切な役割だと思います。

5 先生、私たちで何とかしてみます

　１年間で、子どもたちは主体性を発揮するようになりました。これは、クラス会議の効果が大きいと思います。クラス会議には、

　自分たちが困っていることを議題に出す→自分たちで解決策を決める → 自分たちでやってみる→自分たちでふり返る

　というサイクルがあります。自分たちで決めた解決策だからこそ、子どもたちは進んで実行しようとします。それがうまくいけば自信につながり、もっと自分たちでやっていこうとします。クラス会議のよさを味わい、学級生活がよくなったことを実感すると、その効果が他の様々な場面へも広がっていきます。たとえクラス会議の議題として

話し合っていないことでも、子どもたちは自分たちで考え、自分たちで何とかするようになります。

担任をどんどん頼らなくなる。これもクラス会議の大きな効果の1つです。

6 クラスの問題を解決し、学級生活を充実させる

クラス会議で話し合ったことが生かされ、クラスの問題が解決した、学級生活が楽しくなった。こういった経験が積み重なることで、クラスの一体感が高まり、1つのチームとしてまとまってきました。

とりわけクラス会議は、学級生活の問題や学校行事とセットで行われたとき、大きな効果を発揮しました。ここでは、学校行事の全校大縄大会のエピソードを紹介します。

7 全校大縄大会まで2か月。練習開始！

毎年3月に、クラス対抗の全校大縄大会が開催されることになっていました。3分間で8の字跳びの回数を競うものです。昨年度、思うような結果を出せなかったこのクラス（5年生）は、今年こそは、と気合が入っていました。そして1月のクラス会議では、大縄リーダーや副リーダーが選出され、「3分間で300回」を目標に、毎日2時間目終了後の20分休みに練習を行うことになりました。

最初のうちは、全員が毎日集まり練習を行っていました。けれども、次第に参加人数が減っていき、参加しているメンバーの中にも真面目に取り組まない姿が見られるようになってきたのです。そんな中、議題箱には大縄跳びに関する議題用紙が、大縄リーダーから出されました。

用紙には次のように書かれていました。

最近、練習に出る人が少なくなってきました。出ている人も、

> ふざけています。縄に引っかかっているのにヘラヘラと笑っています。みんなが真面目に練習する方法を教えてください。

　この議題についてクラス会議が行われましたが、これといってよい解決策は出されず、「一人ひとりが自覚をもって参加すること」「お互いに声をかけ合うこと」の2つが解決策として採用されるにとどまりました。

8　リーダーの涙とクラスの本気

　クラス会議の効果もあってか、再び全員が練習に参加するようになりました。けれども、どこか「練習をやらされている」「本当は遊びたいのに仕方なく……」といった雰囲気がありました。ある日の練習中には、怠惰な雰囲気を感じ取ったリーダーがメンバーを招集し、緊急クラス会議も開かれました。広い体育館に小さな輪がつくられ、話し合いが行われたのですが、それでも問題が改善されることはありませんでした。

　すると今度は、ある女子二人が、クラス会議に議題を出しました。議題内容は、やはり大縄跳びの練習に関することで、「真剣にやっていない。練習をやるのか、やらないのか、もう一度みんなで話し合いたい」というものでした。

　クラス会議が始まってすぐに、リーダーが発言しました。リーダーは開口一番こう言いました。
「こんな練習だったら意味がない。もうやめよう」。そして、肩を揺らしながら泣くのを必死にこらえ、唇を噛みました。それを見た誰もが、真剣に練習に取り組むことをリーダーに伝え始めました。発言する一人ひとりが「リーダーにばかり頼っていた」「今までの自分には一生懸命さがなかった」などと、これまでの反省と今後の決意を語り、この日のクラス会議は終わりました。クラスが本気になって練習に取り組むようになったのは、この会議の直後からでした。

それからというもの、記録はどんどん向上していきました。大会２週間前には、コンスタントに300回を超すようになり、１週間前には、380回を超える記録を出せるようになりました。
　ある子たちは、大会当日の衣装をみんなで揃えたいと言ってアンケートをとり、ある子は全員分のミサンガをつくって一人ひとりに手渡していました。

9　大会当日。クラスで歓喜の瞬間

　いよいよ迎えた大縄大会の当日。朝から事件が起きました。なんと、リーダーが風邪で学校を欠席したのです。今まで中心となって練習を引っ張ってきたリーダーが欠席したことを知り、クラスのみんなが残念そうな顔をしていました。
　そのとき、ある子が言いました。
「みんなで手のひらにリーダーの名前を書いて出ようよ。そうすればクラス全員で参加できる。名前を書いた手をギュッと握って、精一杯跳ぼうよ」
　全員がそれに賛同し、手のひらにリーダーの名前を書きました。運動着の長袖・半ズボンはお揃いの衣装。手首にはミサンガ。
　２か月間の練習の成果が試されるときがついにやって来たのです。
　クラスが１つのチームになっているかどうかは、大縄跳びをしている様子を見れば明らかでした。誰かが縄に引っかかれば、みんなが「ドンマイ」と声をかける。縄のリズムに合わせて出す、「ハイ、ハイ、ハイ……」のかけ声は、ぴたりと揃い、どのクラスよりも大きい声でした。
　３分間の計測が終わり、結果が発表されました。見事、優勝！
　２か月間の努力が報われた瞬間でした。みんなが飛び上って喜び、抱き合い、目には涙があふれていました。みんなの手のひらに書かれたリーダーの名前は、汗と涙で消えかかっていました。
　翌日、風邪が治って登校してきたリーダーに全員で優勝の報告をし

ている子どもたち。大会に参加できずに残念がっていたリーダーでしたが、優勝の報告を受けている顔はニコニコ嬉しそうでした。

10 クラス会議は、「見た目」より「中身」

　全校大縄大会に向けて、2か月間の練習期間がありました。その間、練習がうまくいかずに、クラス会議が2回開かれました。そのクラス会議は、どちらもすばらしい解決策が出されたわけではありません。むしろ、なかなかよい解決策が見つからず、子どもたちは悶々とした表情を浮かべているように見えました。しかし、ただ1つ言えることは、子どもたちが「本気になって話し合っていた」ということです。

　この取り組み以降、子どもたちは以前にも増してお互いに声をかけ合うようになりました。仲間の間違いや失敗を励ますようになりました。そして何より、どんな活動にもクラス全員で協力して取り組むようになりました。お昼休みには、頻繁に「替え歌大会」や「一発芸大会」などのイベントが開催され、クラスの大半が参加して楽しんでいます。

　クラス会議を、日々の学級生活で生じる問題や学校行事とセットにすることで、大きな効果が得られます。上手にクラス会議を行うことを目的にするのではなく、出された解決策がその後の生活にどのように生かされたのかを見ていくことが大切なのではないでしょうか。

第**2**章

クラス会議を
やってみよう！

第2章では実際のクラス会議の始め方、進め方をまとめました。P.54〜63までは先生への手引き、P.64からは子どもたちと一緒に読めるマニュアルになっています。ぜひ子どもたちと一緒にトライしてみましょう！

クラス会議を始める先生へ①
楽しく導入してみよう！

　ここまで読んできて、「クラス会議を試しにやってみようかな」と思った方へ。それでは実際にクラス会議を始めてみましょう！
　ここに、簡単な導入の方法をまとめてみました。ぜひ、気軽に始めてみてください！

1 最初に先生が「クラス会議」について伝えよう！

　初回は、まずクラス会議を始めてみたいことを子どもたちに伝えます。そして、これから始まるクラス会議に明るい展望を持たせます。「週に1時間、みんなで楽しいことをする計画を立てたり、困っていることを話し合う時間をつくりたいけど、賛成してくれますか？」
　などと伝え、実施することに対して同意を得ます。
　同意を得たところで、椅子だけで輪になる（話し合いの座席）ように言います。そのときに「思いやりをもって、すばやく、静かに」実施するように言い、そのための作戦を立てさせます。
　実はここからすでに問題解決は始まっています。条件に合うように椅子を動かすには、全員の協力が必要です。ここで、自分たちで意思を決定し、協力して行動する体験をします。→P.74参照

2 ハッピーさがしをやってみよう！

　輪になったところで「ハッピー（よい気分になったこと）、サンキュー（誰かに感謝したいこと）、ナイス（誰かをほめたいこと）」を、順番に発表します。

先生が例を示してどんなふうに発言したらいいかモデルを示すといいでしょう。→P.77参照

　順番に話していくとき、誰が話す番なのかを明確にするためにトーキングスティックという小道具を使うのがお勧めです。→P.76参照

　一番最初のクラス会議は、このハッピーさがしだけで十分です。

　子どもたちにとって、いい気分になってちょっと面白い時間だったなという印象が残れば大成功です！

3　3回目ぐらいから、議題集めの声をかける

　2～3回、ハッピーさがしや、楽しいゲーム（P.78参照）などのクラス会議を行った後、「次の時間から、みなさんから出された「話し合いたいこと」を議題として話し合います」と伝えます。
「楽しいことをする計画を立てるのでもいいですし、クラスで困っていることや、「どうしたら朝早く起きられるか教えてほしい」と助けてもらいたいことなど、何でもいいですよ」と、具体例を挙げて丁寧に議題のイメージを伝えます。→P.68参照

　そして、司会班を決めます。→P.70参照

　次の回からは、P.64からのマニュアルにそって、クラス会議を進めてみましょう！

クラス会議を始める先生へ②
話しやすい雰囲気をつくろう！

　クラス会議の成功のポイントの一つに、話しやすい雰囲気をつくることがあります。教師にとっては、「ちょっとしたこと」かもしれませんが、子どもたちにとっては「とても大きなこと」です。
　話しやすい雰囲気をつくる例を紹介します。

1　教師が笑顔でいる

　子どもたちが自主的に進める活動でも、子どもたちはとてもよく教師を見ています。先生が、不機嫌でいたり、しかめっ面していたりすると、子どもたちはすぐにそれを察知して、かたい雰囲気が生まれてしまいます。雰囲気がかたくなると、発言がしにくくなります。
　普段から教師は笑顔でいることが望ましいですが、特に話し合いの場面で教師が笑顔でいることは大切です。

2 始まりを工夫する

　始まりに「姿勢をよくしてください。これから○○会議を始めます。礼！」というあいさつから始める話し合いを見かけますが、これで楽しく話し合いを始められるクラスはそれでもいいです。しかし、ちょっとかたさがみられるクラスでは、楽しい雰囲気で始めてみてはいかがでしょうか。
　例えば、
司　会：これから○○会議を始めます。拍手～
子ども：「イエーイ」などの歓声とともに拍手する。
司　会：せ～の！
子ども：パン、パ、パ、パン！と、手拍子で締めくくる。

3 簡単なゲームで始める

　クラス会議では、最初に「ハッピーさがし」のような肯定的な感情の発表から始めることがよくあります。しかし、このような活動に抵抗感を持つ子どもたちがいるのも事実です。
　そんなときは、ハッピー探しにこだわらず、フルーツバスケットや人数集めゲームやグルーピングゲームのような短時間（5分程度）でやれるゲームをしてみてもいいでしょう。→P.78参照
　ゲームでおしゃべりが盛り上がると話しやすい雰囲気ができます！

クラス会議を始める先生へ③

よい話し方・聞き方を伝えよう

　話し合っているうちに話し合いの仕方は上手になります。しかし、話し合いをより効果的に進行するために、あらかじめ知らせておいたり、練習させておいたりした方がよいものもあります。

　ここに示すことは、一度や二度教えたからといって身に付くものではありません。「繰り返し繰り返し指導し、できたらほめる、認める、そして、また指導する」を実現して初めて身に付くものだと心得てください。

【よい聞き方】

1 最後まで話を聞く

　人の話を最後まで聞きます。途中で、発言を遮ったり、割り込んで発言したりしないようにします。

2 肯定的に聞く

　人の話は、どんな考えもまずは肯定的に受け止めます。発言後にすぐに「それ、おかしい」とか「それは、無理だ、ダメだ」と否定的な評価が加えられると発言しようという意欲がなくなってきます。

3 聞いていることを態度で示す

　前に示した二つのことを、発言者に伝わるように聞きます。「割り込み発言をしないこと」「すぐに批判しないこと」が考えられますが、

積極的に聞いていることを示すこともできます。例えば次のようなことです。

① 発言者を見る　　　　　② 笑顔で聞く

③ 反応しながら聞く
　○ 頷く

　○ 頷きを声に出して相槌にします
　「相槌アイウエオ」を押してみることも有効です。
　ア：あ〜　　　　　　　イ：いいね〜

　ウ：うん、うん　　　　エ：ええ！（軽く驚く）

　オ：おお〜！（感動する）

○　共感する

「そうそう」「確かに〜」「わかる、わかる」「私も・俺も」というような共感していることの示し方を教えます。こうした声が出るようになると、発言者はとても話しやすくなります。

○　繰り返す

　これも共感することの一つの表現方法です。
「ドッジボールがしたいです」
という発言が出たとします。

　普通のクラスならば、静かに聞きます。少しレベルの高いクラスは、「うんうん」と無言で頷きます。しかし、レベルの高いクラスになると「いいね〜」や「あ〜」などの声が出ます。さらに上のレベルになると、「○○くん、ドッジボールがしたいんだ」と、発言を繰り返す子がいます。

　教師が子どもたちの発言を繰り返すことは、子どもたちの聞く力を育てることにならないので、あまり上質の働きかけとして見なされませんが、子どもたち同士でやれたらすばらしいと思いませんか。

4　Iメッセージを使う

　自分の意見を発言するときに、断定しないようにします。
「〜と思います」
「〜した（しない）方がいい」
　など、自分の意見は絶対的なものでなく、一つの意見であることを表現するための言い方を教えます。

5　受け止めてから反対する

　反対意見は大事です。ときには異なる意見を伝えなくてはならない場合があります。しかし、そのときに「違う」「ダメ」「おかしい」などの頭ごなしに否定する言葉は必要ありません。クラス会議では、反対とは相手を否定し責める営みではなく、相手に異なる意見や見方を伝え、理解を求める営みです。
　まずは、相手の言い分を「それもわかるけど」などと受け止めてIメッセージで伝えます。

6　思いついたら言う

　先に述べた「よい聞き方」が定着してくれば、発言する子どもたちが増えて、クラス会議は盛り上がります。しかし、最終的には聞いてくれるから発言するという状況に依存した態度ではなく、周りが聞こうとしなくても言うときは言うという態度を身に付けさせたいものです。だから、普段から「思いついたらどんどん意見を出しましょう」と声をかけます。そして、理由を言うことの指導と同じように、普段の教科指導の時間からこのことを指導しておきます。

7　理由を言う

　発言の仕方の指導においては、あまりにも当たり前で「え？」と思ったかもしれませんが、話し合いにおいて理由はとても大切です。「なぜ、そう考えたのか」「なぜ、そう思ったのか」など、理由はわかり合うための大切な材料になります。だから、クラス会議を進める上でも、理由がきちんと言えることは大切な技術なのです。また、意見を検討し、絞り込んでいくためには、理由が重要な判断材料になります。クラス会議の場面だけでなく、普段の教科指導の時間でも「理由は？」と聞かれなくても、言えるように指導しておきます。

8 みんながハッピーを志向する

　クラス会議の話し合いは、「勝つか負けるか」を争うものでも、また、「誰がより優れているか」を競うものでもありません。

　そこにいるものみんなが納得し、わかり合える話し合いを目指しています。本書では、その方法として、折り合いを付ける技術をいくつか紹介しています。

　意見が多く出されれば、異なる意見がそれだけ多く出ます。そのときに、対立や競争に陥ることなく、折り合うことで課題を解決することを学ばせたいものです。このコミュニケーションは、「みんなが勝つ」話し合いとか「WIN－WIN」の関係などと言われることもありますが、要するに、教室内に対話をする文化を育てます。

　互いの違いを理解し合い、そして、その部分なら力を合わせて取り組めるかを考えるのです。いつもみんながハッピーになることを考えることを子どもたちに求めていきます。

　ここまでに述べた技術は、みんながハッピーになることを志向する態度を身に付けていくための技術です。技術的な指導をしながら、なぜ、この技術が必要なのかをときどき教師が考え、そして、子どもたちに伝え、その目的を共有するようにしてください。

子どもたちと一緒に読む「クラス会議」の進め方

全員で輪になって座り、司会と書記で進行と記録をしていきます。

クラス会議の実際

クラス会議の大事なところ

① 輪になって、全員が対等に話し合う

② 誰かが話しているときには、ちゃんと聞く姿勢をとる

③ どの意見が正しくてどれが間違いというのではなく、どの意見もその人の大事な見方だなと受け止める

④ 自分たちで決めて、試してみて、うまくいかなかったら、また考えよう！

自分たちでお互いを大事にしながら問題を解決するって気持ちいい！

1

準備① 議題箱と議題用紙を用意しよう

1 教室に議題箱を用意する

議題箱とは、議題を書いた紙「議題用紙」を投げ込むポストのような箱です。靴を買ったときに靴が入っている箱くらいの大きさが手頃です。折り紙やイラストを描いてきれいに飾ると、素敵になりますよ。用紙を入れる投げ込み口と用紙の取り出し口を付けておきましょう。

2 議題用紙を用意する

「キラキラ会」とは、あるクラスのクラス会議の名前です。みなさんのクラスに合った素敵な名前をクラス会議に付けてください。

キラキラ会　議題用紙

議題を出した人

議題（話し合いたいこと）

議題を出した理由

2 準備② 議題用紙の書き方とルール

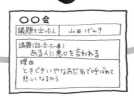 

1 理由を書く

　よい話し合いをするためには、議題に対してできるだけ多くの人が「話し合いたい」と思うことが大事です。そのためには、議題用紙に理由がきちんと書いてあることが必要です。ただ「お楽しみ会をしたい」と書くよりも「みんながもっと仲良くなれるように」という理由が示されていた方が、話し合いたい人が増えそうな気がしませんか。

2 議題用紙には個人名を出さない

　クラス会議は、問題を起こした人を責めたり、責任を追及する時間ではありません。あくまで解決方法を話し合う時間です。個人名を書く場合は、「ある人」というように書いて、その人が特定されないようにしましょう。でも、議題を出した人の名前は忘れずに書いてください。話し合う前に確認したいことが出てくるかもしれないからです。誰が出した議題かわからないと確認できませんからね。

3 議題箱は、クラス会議の前に開ける

　クラス会議の前に議題箱を開けて、議題を確認しておきましょう。誰が開けるか、（先生が開ける、司会班が開ける）など、それぞれのクラスでルールを決めるのがいいでしょう。

3 準備③ 議題を集めよう！

　議題とは、クラス会議で話し合う話題のことを言います。議題は大きく分けて次の２つのパターンがあります。
- 困っていることがあって、それを解決したい。
- 困っているわけではないけれども、もっとよくしたい。

　そして、それぞれが「みんなにかかわること」と「個人のこと」に分けられます。したがって、議題は大きく４種類が予想されます。

① **みんなにかかわることで困っていること**
- 給食が終わる時間が遅くて昼休みが少なくなってしまう。
- 授業中におしゃべりをする人やきちんと課題をやらない人がいて、そういうことをなくしたい。

② **みんなにかかわることでもっとよくしたいこと**
- みんながもっと仲良くなるためにお楽しみ会をしたい。
- あいさつが元気にできる学校にしたいからあいさつ運動をしたい。

③ 個人のことで困っていること
- 朝早く起きられなくて遅刻しそうなことがある。
- 授業中によくわからないことがある。

④ 個人のことでもっとよくしたいこと
- 今度イラストコンクールがあるけれどいいアイディアがほしい。
- 運動会に向けて、もっと足が速くなるためにはどうしたらいい？

　これらの例をみんなに知らせ、「困ったことを解決するため、みんながもっとハッピーになるため、一人ひとりがもっとハッピーになるために話し合いをしよう」と呼びかけてみましょう。
　クラス会議の最初の方は、楽しい議題の方が盛り上がるので、②のような内容で、楽しいことを計画する議題が望ましいです。クラスの多くの人が、クラス会議はいいものだとわかってきたら、どんな議題でも話し合えるようになります。

準備④
司会班を決めよう（役割）

クラス会議を進行するために次の４つの役割があります。

1 クラス会議の役割

① 司会（１名）
クラス会議を進めます。いつもみんなから目を離さないでください。進め方は心配しないでください。この本に全て書いてあります。でも、この本は万能ではありません。最もよい答えは、みんなが知っています。困ったときは、みんなにこう聞いてください。
「みなさん、どうしたらいいと思いますか」
きっと、よい答えを考えてくれるでしょう。

② 副司会（１名）
司会を助けます。
それとは別にもう１つ大事な仕事があります。それは、書記や先生との連絡役です。司会は、みんなの意見を聞いたり進行したりで忙しいはずです。
書記が聞き逃した答えを書記に伝えたり、先生からのアドバイスを司会や書記に伝えます。とっても大事な仕事です。

③ 黒板書記（2名）

　みんなから出た意見を、すばやく、きれいに黒板に書き取っていきます。みんなが発言したことをそのまま書くのではなく、意味を変えないようにして短くまとめて書くのがポイントです。二人ぐらいがベストです。一人が今の発言者の意見を聞き、もう一人は前の発言者の意見の内容を書きます。

④ ノート書記（1名）

　黒板に書かれたことや記録しておいた方がいいことをノートに書いておきます。黒板は、その時間が終われば消されてしまいます。でもノートを見れば、話し合いの内容がわかりますから、クラスの成長の記録ともいえます。

2 司会班の決め方

　いろいろな決め方があります。
　たとえば、

① 立候補
② 生活班による輪番

　輪番というのは順番に回すという意味です。クラスにあったやり方で決めてみてください。クラス会議は次のページのような流れで進行します。

クラス会議の流れ

① 輪になる

② 始めのあいさつ

③ ハッピーさがし

④ 前回の解決策のふり返りと今日の議題の提案

⑤ 解決策を集め、しぼり、解決策を決定する

⑥ 決まったことの発表

⑦ 終わりのあいさつ

5 輪になろう

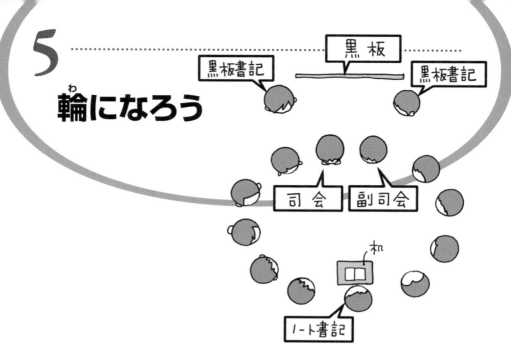

1 できるだけきれいな輪になる

　椅子だけで、できるだけきれいな輪をつくりましょう。コンパスで描いたような円になることが理想です。
　話し合うときはお互いの顔を見ながら話し合います。だから、輪はできるだけきれいな輪にします。輪がゆがんでいると顔が見えなくなってしまいますから。

2 きれいな教室で話し合う

　輪の中にゴミが落ちていたり、床が汚れていたりしませんか。話し合う場がきれいだと、気分もスッキリしてよい話し合いができます。だから、いつも教室はきれいにしておきましょう。もし、ゴミが落ちていたら、話し合いの前に拾っておきましょう。
　お互いの顔を見ながら、楽しい雰囲気で話し合えるようにしましょう。

3 司会班の位置

　司会は黒板の前の席がいいでしょう。副司会はその隣に座ります。ノート書記は、司会の反対側に座りましょう。黒板書記は、次の「ハッピーさがし」が終わるまでは、みんなの輪の中にいます。それが終わったら、黒板の両端に移動します。

4 座り方を考える

　クラス会議では、座り方は自由です。
　さて、ここで考えてもらいたいのがクラス会議は何のための話し合いかということです。
　クラス会議は、もちろん、クラスをよりよいものにするためのものです。クラス会議をしているとよく起こることが、次のようなことです。
　まず、輪の中で、男女がキッパリ分かれてしまうことです。次によく起こるのが、いつも同じ人が近くに着席していることです。だいたい、仲のいい人が隣同士になったり、近くに座ることがあります。
　みなさんが、望むクラスはどんなクラスですか。
　男女がキッパリ分かれてしまうクラスですか？
　それとも、男女が入り交じって座われるクラスですか？
　いつも仲良しが近くに座っていて、仲良し同士でしか話し合いをしないクラスですか？
　仲がいいとかよくないとか、よく話すとか話さないとかに関係なく、近くに座って話し合えるクラスですか？
　仲良しの人といると楽しくて嬉しくて安心できるかもしれません。でも、一方で、仲良しが見つからなかった人がとてもさびしい思いをしているかもしれません。そんなことに気付く人が大勢いるクラスは、きっとあたたかいクラスです。

6 トーキングスティックを使ってみよう

1 輪番で発言

　クラス会議では、全員に発言してほしいので輪になっている座席順に発言します。これを輪番といいます。意見のある人が手を挙げて司会が指名して発言するという形をとらないわけではありませんが、基本は輪番です。

2 トーキングスティックはお守り

　発言する人から人へ、ぬいぐるみや棒状の物を渡していきます。トーキングスティックを持っている人だけが発言することができます。発言が終わったら隣の人に渡してください。
　これは発言する人の意見をみんなでしっかり聞こうという約束でもあります。人の発言中は、割り込んで発言したり、「ええ？」「違うよ」なんて声が聞こえたりすることのないようにします。
　発言する人が安心して話ができるようにするための、お守りともいえます。

7 ハッピーさがし

1 ハッピーな気分で始める

クラス会議を前向きで、明るい雰囲気で始めるために、最初に一人ひとりがハッピーに感じたことを発表することから始めます。

ハッピーに感じたこととは、次のようなものです。

① いい気分になったこと

家族や先生や友達にほめられた。何かいいことがあった。願いがかなった、など嬉しいことがあったときのことです。

② 誰かに感謝したいこと

誰かに「ありがとう」と伝えたいことです。誰かに何かをしてもらったことでもよいですし、普段はなかなか言えないことでもよいです。

③ 誰かをほめたいこと

頑張っている友達、いいことをしている友達を紹介します。その人のよいところをほめてあげてください。

第2章 クラス会議をやってみよう！

2 「出来事ことば」と「気持ちことば」で伝える

　このときに、出来事だけでなく、それに対して「嬉しかった」「すごいと思っている」「感謝しています」などの気持ちを表すと、聞いている人も嬉しい気持ちになります。

〈よくない例〉
　私が、昼休みに一人でいたら、「遊ぼう」って声をかけてくれました。
〈よい例〉
　私が、昼休みに一人でいたら、「遊ぼう」って声をかけてくれて、嬉しかったです。

3 ハッピーな気分の発表でなくてもよい

　ハッピーな気分を言葉で表すことが苦手な人もいます。そういう人のいるクラスでは、この活動によってリラックスするよりも緊張してしまうことがあります。そういうときは、ハッピーな気分の発表にこだわることはありません。短い時間でできるゲームにしてもよいでしょう。
　ハッピーさがしの代わりにできる簡単なゲームを数例紹介します。

① 　**グルーピングゲーム**
　司会の出したお題に沿って
グループをつくります。
　（例）・犬好き？　ネコ好き？
　　　　・好きな季節
　　　　・目玉焼きにかけるなら
　　　　・誕生月、星座、血液型……

② サークルゲーム
　司会の出したお題の順番に時計回りに並びます。
（例）・朝起きた時刻の早い者順、遅い者順
　　　・家が学校から近い者順、遠い者順
　　　・今のテンションに点数を付けて高い者順、低い者順
　　　・誕生日が早い者順、遅い者順

③ 共通点探し
　数人のグループになり、共通点をさがす。見つけるべき共通点の数が多ければ多いほど時間がかかり、コミュニケーションの量が増えます。目安は、１〜３つ。
　発表することに慣れてきたら「ハッピーさがし」にも挑戦してみてください。

第2章　クラス会議をやってみよう！　79

8 前回決めた解決策をふり返ろう

1 話し合えば解決するとは限らない

　クラス会議では、毎回、解決策が決められます。その後、それがうまくいっているかどうかふり返ります。したがって、1回目はふり返る解決策がありませんからしません。これをするのは2回目からです。
　問題を話し合えば解決するというものではありません。問題が難しくなればなるほど、一度で解決することは難しいものです。
　それに、毎回出される解決策は完璧なものではないのです。解決しないことがあっても当然です。大事なことは、みんなが関心を持ち続け、話し合い続けることなのです。
　すばらしい解決策が見つからなくてもいいのです。話し合いを続けることでみんなの意識が変わり、解決してしまうこともよくあります。

2 うまくいっているか、いっていないか

　前回の議題が「みんなで決めたこと」だったら、みんなに聞いてください。「個人で決めたこと」だったら、その人に聞いてください（よくわからない場合は、「解決策を決めよう（P.92参照）」を読んでください）。こんなふうに聞きます。
「前回の解決策はうまくいっていますか」
　うまくいっていたら、次の議題に入ります。うまくいっていなかったら、さらにこう聞いてください。

3 話し合うか、様子を見るか

「新しい解決策を話し合ってみますか。それとも、もう少し様子を見ますか」

「みんなで決めたこと」の場合は、答える人が大勢いるはずです。「うまくいっている」と思う人と「うまくいっていない」と思っている人がいます。

それぞれに「なぜ、そう思うのか」を言ってもらってください。もし、「もう一度話し合いたい」という人がたくさんいる場合は、そこで話し合いをします。

「様子を見る」という人がたくさんいれば、そうすることにします。その場合は、次の事を伝えてください。

「また、話し合いたいと思ったら、議題を出してください」

「個人で決めたこと」の場合も同じです。その人が、話し合いを希望すれば、そこで新しい解決策を集めてみてください。様子を見ることを希望した場合は、先ほどのように伝えてください。

9 今日の議題を提案しよう

1 議題は日付順に取り上げる

　クラス会議前日までに確認しておいた議題を読み上げます。
　議題を取り上げる順番は、基本的には、日付順です。ただし、先生との打ち合わせで、「これは早めに話し合った方がいいだろう」という議題があった場合は、優先順位を上げて話し合ってもけっこうです。
　日付が迫った学校のイベントの内容を話し合うときや、仲間外れなど、それを放っておくと学級生活に危機が訪れるような、急を要する議題が入ることもありますからね。

2 提案のルールが守られていない議題の扱い

　議題の提案者の名前が書かれていない、また、提案者の名前以外に個人名が書かれているような議題、つまり、議題用紙記入のルールが守られていない議題は取り上げないのが原則です。このことは、朝の会や帰りの会を通じて、みんなによく伝えておく必要があります。
　しかし、中にはどうしても提案者が自分の名前を書くことができない場合もあります。内容がとても深刻であるにもかかわらず、提案者の名前が書かれていない場合は、先生に相談してみてください。

3 話し合うか確かめる

　クラス会議の前に議題を話し合うかどうか提案者に確かめてください。議題を議題箱に入れてから時間が経っていると、解決してしまっている場合があるからです。「〇〇さん、この議題は解決しましたか？」または「〇〇さん、この議題を話し合いますか？」と聞いてみてください。
　解決していたら次の議題を読み上げてください。

4 議題を区別する

　議題はおよそ大きく分けて2つの種類の議題が出ます。「みんなにかかわること」と「個人のこと」です。これによって決め方が変わります。

① みんなにかかわることはみんなで決める

　「クラスのルールを決める」「みんなでイベント」をするなどの「みんなにかかわること」を話し合うと、1つに決まる場合もあれば、決まらない場合もあります。
　そのときは、多数決になります。

② 個人のことは議題を出した人が決める

　「朝起きられない」「忘れ物が多い」など、個人の相談に乗るときは、最後は議題を出した人に決めてもらいます。

③ よくわからないとき

　どちらか判断がつかないときは、司会だけで判断しないで「これは誰が決めますか？」とみんなに聞いてみてください。

10 解決策を集めよう

1 できるだけたくさん集める

　解決策はできるだけたくさん出されることが望ましいです。よいアイディアは、たくさんのアイディアから生まれるものです。
　やはりここでも、意見のある人が手を挙げて発言するのではなく、輪番でトーキングスティックを回しながら、発言してもらいます。
　意見がたくさん出るように、下のようなことを呼びかけるといいでしょう。

① 思いついたらどんどん意見を言いましょう。
② 人の話は最後まで聞きましょう。
③ どんな意見も「いいね」という気持ちで聞きましょう。

　これができるようになると、たくさん意見が出ますよ。一番大事なのは、③です。たくさん意見を集めるためには、どんな意見もOKにすることです。

どんな意見も「いいね」「いいね」と聞くような雰囲気や態度ができてくると、みんなが安心して意見を言えるようになります。
　①から③のことを書いたポスターをつくり、教室に貼っておくといいでしょう。クラス会議だけでなく、国語や算数などの学習の時間の話し合いのときも実行すると、より安心して話し合える雰囲気ができてくるでしょう。

2　言えないときは

　輪番で発言していると、中には意見が言えない場合も出てくるでしょう。そういうときは、「パスします」と言って、隣の人にトーキングスティックを渡しましょう。
　言えるようになったら、そのときは手を挙げて「言わせてください」と言えばいいでしょう。

3　作戦タイム

　いつも意見がどんどん出てくるとは限りません。少し考える時間がほしかったり、仲間と相談する時間がほしかったら、司会にお願いしましょう。
「相談する時間をください」
「考える時間をください」
と。司会は、もし、パスが続き意見が出にくいようだったら、
「では、作戦タイムにします。周りの人と話し合ってみてください」
などと言って、相談する時間をとってあげてください。時間は、みんなの様子を見て決めてください。
　目安は1分から2分です。

11 作戦タイムをこう使おう

作戦タイムにはいくつかの役割があります。

1 解決策を一緒に考える

「解決策を考えてください」と言われても、すぐに思いつかないときもありますよね。そういうときには、友達と一緒に考えます。

2 わからないことを質問する

質問したいけれども、みんなの前で聞くにはちょっと勇気がいるなあというときに、友達に質問して情報をもらいましょう。

3 自信のない友達に勇気を与える

アイディアを持っているけれども、発言しようかどうしようか迷っている友達がいたら、「それいいね、言ってごらんよ」と励ましてあげて

ください。あなたの一言が友達の勇気になります。

4　一人で考えている友達に声をかける

もし、一人でいる友達がいたら、「一緒に考えよう」と声をかけてみましょう。ひょっとしたら一緒に考えてくれる人をさがしているかもしれません。もし、その人が「一人で考えたい」と言ったら、「わかった」と言って、それを応援してあげましょう。

5　時間を守ろう

　一生懸命話し合っていると、ついつい時間が守られなくなることがあります。しかし、時間内に話し合いを終えることも大事なことです。
　もし、時間がなくなりそうになっても話し合いを続けたいと思ったら、司会にこう提案してみてください。
「もう少し話し合いの時間をください」
と。司会はそういう希望が出たら、すぐにみんなに聞いてください。
「みなさん、どうしますか？」
　半分以上の人が賛成したら、先生と相談して話し合いの時間をもらうようにしてください。賛成が得られなかったら、そのときは、話し合いを終えることに協力してください。
　決定したことに意見があったら、また、議題を出せばいいのです。

第2章　クラス会議をやってみよう！

12 解決策をしぼろう

　たくさん解決策が出ました。次は、その中でよりよい解決策をさがします。

1 解決策をしぼるには

　よりよい解決策をさがすには、どうしたらいいと思いますか。
　そのためには、みんなで次のことを考えます。
「それぞれの意見のよいところと心配なところ」
　では、どうやったらよいところがわかるでしょうか。
　そのためには、みんなで次のことを考えます。
「その意見をやってみたらどうなるか」
　それぞれの意見を、本当にやってみたら、よいことが起こるのか、心配なことが起こるのか、を想像してみるのです。
　そうすると、よりよい解決策が見えてきます。

2 どの意見にも「よいところ」と「心配なところ」

　たくさんの意見の中から1つを選ぶというと、「意見を戦わせる」というイメージを持つ人もいるかもしれませんが、クラス会議の話し合いはそうではありません。出された意見の「よいところ」と「心配なところ」を出せるだけ出して、その中から、やってみると一番よいことが起こりそうな意見を選ぶのです。どんな意見にもよいところと心配なところがあるはずです。もし、賛成も反対もない意見が出ていたら、それについて意見を言ってみてください。みんなが注目しない意見の中に、ひょっとしたらすばらしいアイディアがあるかもしれません。

3 言い方を工夫する

　みんなそれぞれ考え方は違います。ある意見に対してすごくいいと思う人がいる一方で、ちょっと問題だな、と思う人がいます。みんなの意見が違って当たり前なのです。だから、話し合ってわかり合うことが大事なのです。だから、お互いを大事にする言い方を考えましょう。反対意見を伝えるときに、「〜に反対です」とか「〜はダメです」のような言い方をしたら、その意見がいいと思っている人たちはあまりいい気分がしませんね。
　だから、「〜に心配です」と丁寧に伝えましょう。

第2章　クラス会議をやってみよう！

4 折り合いをつける

活発に意見が出ることはいいことですが、いつまでも賛成だ、反対だと言っていてもキリがありません。

みんなが納得するところを見つけることを「折り合いをつける」と言います。

多数決はどうしても折り合いがつかなかったときにとる最終手段です。折り合いをつけられるように時間ぎりぎりまで話し合いましょう。折り合いをつける、いくつかのパターンを示します。

① それぞれを縮小して全部選ぶ方法

例えば、お楽しみ会でドッジボール、リレー、鬼ごっこをやりたいという意見が出たときに、それぞれの時間を短くして全部やってしまうというような方法。

② それぞれを生かす方法

例えば、お化け屋敷をしたいという意見と巨大迷路をやりたいという意見がぶつかったら、お化け屋敷の中に迷路をつくる、「お化け屋敷迷路」にするような方法。

③ それぞれの思いを生かして新しいものをつくる発想

例えば、クラスのシンボルキャラクターをつくるときに、「りんご」「バナナ」「みかん」「くま」

などの複数のアイディアがぶつかったときに、「くだもん」という、からだが果物でできているくまのキャラクターにするような方法。

④ **ある意見を中心にして他の意見のよさや願いを加える方法**

　例えば、サッカー大会とバドミントン大会をしたいという意見がぶつかったときに、バドミントン大会をしたい人たちの願いを聞いて、その人たちも楽しめるようなルールをつくってサッカー大会をする方法。

⑤ **優先順位を決めて実施する方法**

　例えば、リレー大会とドッジボール大会、どちらにするかで意見がぶつかったときに、今回はリレー大会、次回はドッジボール大会をするような方法。

第2章　クラス会議をやってみよう！　91

13 解決策を決めよう

先ほど言ったように、クラス会議には決め方が2つあります。

1 「みんなにかかわること」の場合

1つに決まらなかったら、多数決をとります。
クラスの半数以上の人が賛成したら、その意見に決まりです。しかし、注意したいことがあります。
多数決は簡単なので、何でも多数決で決めてしまいがちです。
多数決になるまでに、言いたいことをきちんと言い合うことが大事です。多数決は「最後の手段」くらいの気持ちで話し合いましょう。

① 半分を超えるまで

多数決で選ばれるのは、クラスの過半数の支持する意見があったときです。過半数というのは、クラスの人数を2で割って、1を足した数です。
つまり、30人ならば、15＋1で16人以上が賛成する意見があったときにその意見に決まります。
過半数を超えていない意見を選ぶことは、望ましいことではありません。
その場合は、決選投票をします。
賛成者の少ない意見を抜いて、残された意見の中でもう一度、多数決をとる方法です。

できるだけ、過半数の意見が出るようによく話し合って、選択肢をしぼっておいた方がいいですね。

② 多数決の結果を大切に

多数決はみんなで話し合った結果ですから、多数決で決まったことに対して、後で不満を言うようなことはないといいですね。

多数決の後、不満が出るようだと、多数決をすることだけでなく、話し合いそのものが嫌になってしまいます。

みんなで生活している以上は、自分の思いどおりにいかないこともあるものです。

決まったことを大切にできるクラスにするためには、お互いに譲り合いの気持ちをもつことが大事でしょう。

2 「個人のこと」の場合

この場合は、1つに決める必要はありません。みんなでそれぞれの意見に対して、よいことと心配なことを出しましたから、後は、議題を出した人が解決策を選びます。

司会は、こんな声をかけてみてください。

「議題を出した○○さん、この中でやってみたい解決策はありますか？」

3 決まったら拍手

解決策が決まったら、「みんなにかかわること」でも「個人のこと」でも拍手をしましょう。決まったことが守られるように、解決策がうまくいくように互いを励ます拍手です。

第2章 クラス会議をやってみよう！

14 決まったことを発表しよう

　最後は、ノート書記が今日の話し合いで決まったことを発表します。
　決まったことは、画用紙などに書いて掲示しておきましょう。それがたくさん集まってくるとクラスの成長の歴史になります。
　例えば、下のように書きます。

第〇回キラキラ会議

【議題】
クラスのシンボルキャラクターを決めよう。

【決まったこと】
果物 ＋ くま で くだもん

15 行動しよう

　クラス会議で大事なことは、決まったことをやってみることです。「みんなで話し合ったら、クラスが変わった！」「クラスがよくなった」ということを積み重ねていくと自信がつきます。
　また、困っていることを相談してもらった、解決したということがあると、今度は自分がみんなの力になりたいと思うようになります。

「クラスを自分たちでよくしよう！　よくできる！」

「今度は自分が誰かの力になろう！」

　そんな思いにあふれたクラスになるための挑戦が、クラス会議なのです。

司会進行マニュアル

1 「これからクラス会議を始めます」

2 「ハッピーを見つけよう」

3 「前回の解決策をふり返ります」
　(1) 確かめる
　　① みんなにかかわることの場合
　　　「みなさん、前回の解決策はうまくいっていますか」
　　② 個人のことの場合
　　　「前回議題を出した○○さん、解決策はうまくいっていますか」
　(2) どうするか確かめる
　　「新しい解決策を話し合ってみますか。それとももう少し様子を見ますか」

4 「議題の提案です」
　(1) 議題を読み上げる
　　「○○さんからです（議題と提案理由）」
　(2) 必要に応じて提案者に質問する
　　「提案者の○○さん、この議題を話し合いますか」
　　「提案者の○○さんに聞きたいことはありませんか」
　　「提案者の○○さん、どうなってほしいですか」
　(3) 最後は誰が決める議題か確かめる
　　「今日の議題は、最後は誰が決めますか」

5 「解決策を集めます。少し考えてください。考える時間は○分です」
○分後、輪番でトーキングスティックを回す。
必要に応じて発言の約束を確認する。

> ① 思いついたらどんどん意見を言う。
> ② 人の話は最後まで聞く。
> ③ どんな意見も「いいね」という気持ちで聞く。
> ④ 言えないときはパスをする。

6 必要に応じて作戦タイムをとる。

7 「解決策をしぼりましょう」

8 「解決策を決めます」
（1）みんなにかかわることの場合
「多数決をとります」
（2）個人のことの場合
「提案者の○○さん、出された解決策の中にやってみたいものはありますか」

9 「ノート書記さん、決まったことの発表をしてください」

10 「これでクラス会議を終わります」

＊このマニュアルは最低限です。どんどん書き換えてクラスのオリジナルマニュアルをつくってくださいね。

16 教師が出るべきときはどんなとき？

　子どもたちの自由度の高い活動だからこそ、教師が出るべきときはきちんと出ましょう。スポーツは、審判がしっかりしていればいるほど選手の自由度が高まります。子どもたちを自由に活動させたかったら、教師は出るべきときに出た方がいいのです。

　では、どんなときに出たらいいのでしょうか。例を示します。しかし、それが全てではありません。

1　人権が損なわれそうなとき

　相手を傷付けるような発言や態度については、しっかりと注意を与え、安心して話し合えるようにしてください。

　また、話し合いの過程で特定の子どもたちを責めたり、結果的に罰を与えたりするようなものになりそうなときは、「クラス会議の目的は、人を責めることでも、罰を与えることでもありませんよ」と軌道を修正してください。

　それでも、相手を非難したり、ルール違反をしたりするようなときは、「今日は、クラス会議をするには適していませんから止めましょう」と言って、話し合いを中止するくらいのことがあってもいいのです。無理をして続けて、強く不快な思いをする子が大勢出てしまうとクラス会議の継続自体が困難になってしまいます。

　また、お金を集めたり、授業時数を変更したり、子どもの責任の範疇を超えるような議題は扱わない方がいいです。

2 介入は決定の前に

　多数決などの意思決定の後に、教師がそれを覆すようなことがあると「今の話し合いはなんだったのだ？」と子どもたちに思わせかねません。そして、「話し合っても先生の一言で変わることがあるんだ」と思ってしまうと、本気で話し合わなくなってしまいます。

　だから、このまま意思決定が行われると、許容できないものになりそうなときは、話し合いの過程に介入して「ここはできません」「それはできません」と合理的な理由を述べた上で、不可能なことを伝えておくべきです。

17 クラス会議を成功に導く教師のかかわり方

1 教師が何に注目するか

　クラス会議は子どもたちに委ねる活動ですが、それだけに教師の活動へのかかわり方は重要な働きをもちます。クラス会議が適切に運営され、クラスや個人の成長につながるためには、教師が子どもたちの動きをどのように意味付け、評価するかが大事なポイントになります。
　クラス会議を成功させるための適切な行動を見つけ、喜び、感謝を伝えることがクラス会議を軌道に乗せるためにはとても大切です。
　では、どのようなことが適切な行動なのでしょうか。
　例えば次のような姿が挙げられます。

① 楽しそうに話し合いに参加した。
② 課題の解決のために真剣に考えた。
③ 課題の解決のために積極的に意見を言った。
④ 相手の感情を傷付けないような言い方をした。
⑤ 相手の立場や話をわかろうと真剣に聞いた。
⑥ 相手の主張と自分の主張の合意点を見つけ、折り合いをつけようとした。
⑦ 進んで人のよいところを探そうとした。
⑧ 進んで人に感謝しようとした。
⑨ 進んで人の役に立とうとした。
⑩ 進んで決まったことを守ろうとした。

2 教師の醸し出す雰囲気

　クラス会議の成功の秘訣をただ1つ挙げるとしたら、それは「雰囲気」です。自由におしゃべりするような雰囲気ができていれば、それほど抵抗なく実施できるでしょう。

　ですから、話し合いが始まる前にどれくらいリラックスできているかがとても大事です。スタートは「これからクラス会議を始めます、礼！」でも悪くありませんが、成功しているクラスでは「これからみんなが元気になるクラス会議を始めます。拍手〜イエーイ、せ〜の、パン、パ、パ、パン（手拍子）」のような始め方をしているところもあります。

　また、クラスの大事な時間だからといって、教師がやたらと真剣な、深刻な、力の入った雰囲気をつくり出してしまうと逆効果です。失敗してもいいのです。むしろ、失敗から学ぶことによってクラスは成長します。それくらいゆったりした気持で構えてください。

18 こんなやり方は失敗しやすい

1 失敗するクラス会議が陥りがちなパターン

　今一度ここで大切なことを確認するために、敢えて失敗するパターンを示し、成功のための留意事項を確認します。

(1) 実施したり、しなかったりする。問題が起こったときだけ実施する。
　理想的なのは、1週間に一度以上、定期的に日常的に実施します。

(2)「りっぱな話し合い」「格好のいい話し合い」を志向するあまり、話型や話し合いの形式を尊重し過ぎる。
　開放的でおしゃべりするように話し合うことが望ましいです。
　また、教師の関心が話し合いばかりに向いていて、その後の子どもたちの生活改善の行動に関心が向けられないと、クラス会議が形骸化します。
　生活改善こそがクラス会議の目的です。話し合いの後に起こるであろう、子どもたちの行動を見守り、励まし、ほめるようにします。

(3) 失敗させたくなくて、教師があれやこれや介入し、話し合いに口を出す。
　子どもの行為の結果に教師が一喜一憂し、結果的に責任をとっていたら子どもたちは育たないと自覚しましょう。失敗してもいい、任せ

て見守る覚悟が必要です。

（4）出なくてはいけないところで出ない。結局、後で慌てて決定事項まで覆してしまう。

　決定するまでに、指導すべきところは指導します。

（5）議題に対して子どもたちの興味が薄い。個人的な議題を話し合うときに、関心がない。または、関心をもっている割合が低い。

　楽しい話題から話し合う。また、個人的な議題を扱うときは、「同じことを経験した人はいますか」「そのときはどんな気持ちでしたか」また、「いつ」「どこで」「どんなことがあった」から議題を出したかを質問して聞き出し、議題を出した心情に共感させるようにするとよいでしょう。

2　最初は楽しい議題から

　クラス会議の導入期における議題は、楽しい話題や気持ちにあまり負担のかからないものが望ましいです。クラス会議がよいものだと認識されるようになれば、深刻な問題もポジティブに話し合うことができるようになります。話し合いに慣れるためには、まずは、楽しいことが大事です。また、個人的な悩みよりもクラス全体にかかわることの方が、気持ちの負担が少ないようです。

　例えば、「お楽しみ会の計画」「全員遊びの計画」「クラス会議の名前」などは、楽しく結果がはっきり出るので導入期の話し合いとしては適切です。

第3章

Q&Aでわかる！
困ったときの
解決方法

「クラス会議をやってみたいけどここがわからない」「やってみたらこんな問題が起きて悩んでいる」そんな疑問を解決するQ&Aをまとめました！

司会者の決め方は？

Q 司会者の決め方は、クラスの実態や学年によってどう変えるとよいですか？ また、上手な司会進行のポイントを教えてください。

● 基本順序は「教師→指名→輪番→立候補」

クラス会議をスタートさせた初期のころは、誰もがクラス会議の流れを完全には把握できていません。ですから、最初は教師が司会者の役をやって見せてもよいと思います。特に低学年は、意見をまとめる経験や、話し合いを自分たちだけで進めるといった力をこれから付けていこうという段階ですので、しばらくの間は、教師が司会進行をしてもよいでしょう。教師が、「子どもたちに司会を任せてもできるな」と判断したときに、子どもたちへ役割を移行してみてはどうでしょう。

逆に高学年であれば、初めからリーダー性の高い子を指名しても構いません。司会進行用のマニュアル（p.96）もありますし、司会進行のためのスキル的なことは、その都度、教師が介入して教えてあげればよいのです。

その後、ある程度クラス会議の流れが把握できたら、司会者を輪番にして、全員に司会を経験させるのがよいのではないでしょうか。クラス会議をしばらく続けていくと、子どもたちはどんどん主体的になっていきますので、最後は立候補という形が理想だと思います。特別活動の重要な役割である、自治的活動の側面から考えると、教師からの指名や機械的な輪番制よりも、子どもたちからの立候補という形が最もよいでしょう。誰もが司会進行できるようになればベストですね。

司会進行がうまくいく２つのポイント

「誰が司会者になってもOK」という状態が理想とは言ったものの、もちろん、司会者に不向きな子や苦手な子もいることでしょう。しかし、話し合いを進める・まとめる経験は、高学年になってからの委員会活動や縦割り班活動のときに生きてきます。ぜひとも、全員が司会者を経験し、話し合いを進行できるようになってほしいですよね。そのためのポイントは２つです。

① **モデルを見せ、クラス会議の流れをイメージさせる。**

　いきなり、苦手な子に司会者を任せても、おそらくうまく進められません。ですから、上手な司会進行のモデルを見せ、イメージさせます。モデルは、教師よりも子どものモデルの方がイメージしやすいでしょう。教師の司会は、モデルとしては上手すぎます。「あれは私には真似できない」と子どもに思わせてしまいます。クラスの同じ年齢の友達が、"ちょっとうまくできている"姿を見せると、具体的なイメージができると思います。

② **司会者を助けるフォロアー(参加者)を育てる。**

　クラス会議の成否は、司会者の力が大きいと思いがちですが、実はそうでもありません。フォロアーを育てることで、司会が苦手な子も十分にクラス会議を進めることができます。

　フォロアーには、司会者が困っていたら声をかけたり、助けてあげたりするように指導します。そして司会者には、困ったら「この後、どうすればいいと思いますか？」と全体に問うことを教えておきます。

　２つのポイントを行うことで、司会の難易度をグッと下げることができると思います。

(畠山明大)

議題が集まらないときは？

Q クラス会議を始めてみましたが、なかなか議題が集まりません…。

● 話し合う必然をつくる

　若い先生から、「議題ボックスを作ったのに全然議題が集まりません」という相談を受けます。これは、その先生の責任ではないのです。過去の担任の責任もあるのです。子どもたちの中に、議題を集めよう、そして、話し合いをしようというシステムがないのです。

　まず、話し合いのきっかけをつくりましょう。集団生活の中には、きっかけは山ほどあります。自分の思いを通したいが通らないこと、学校生活を円滑に進めるためにシステムを作ること、誰かに相談したい困りごとなど、それをクラスで共有化するのです。

　最初は例えば、「朝の会は、どんなことをすればいいと思う？」と問うだけでいいと思います。元気のいい子はすぐに考えを発表すると思います。日直の児童などに司会を任せます。ただ、最初は教師の介入の度合いは多くなります。その介入は、なるべく司会を補佐することが望ましいです。

　また、子どもたちに議題を出して欲しいと伝えるのもよいでしょう。

　そして、提案者になった子どもには、提案することの気持ちよさを味わってもらいます。自分の提案をみんなが話し合ってくれることの喜びは当然あるとして、担任だけではなく他の教師、子どもたちからの賞賛や感謝を伝えます。また、保護者へ伝え家庭でほめてもらうのも有効です。

このほめほめ作戦は、仕組んで一気にすると効果絶大です。しかし、義務感を持たせてはいけません。
　あくまで教師は脇役です。主人公は子どもたちです。主人公を引き立てるのは脇役の醍醐味です。この醍醐味を味わうと教師もクラス会議のすばらしさを実感できると思います。

課題の作り方を教えよう

　もう一つ方法があります。議題の作り方を教える方法です。子どもたちにとって議題という言葉は学校でしか使わない言葉ですし、なじみが少ない言葉なので構えてしまうと思います。
　「議題」という言葉を「困りごと」や「よくしたいこと」と言い換えてみてはどうでしょう。子どもたちに「最近、困っていることないですか」と聞いてみます。そして、全員に何も書いてない紙を配って困りごとを書いてもらいます。その紙を教師があらかじめ作っておいた議題ボックスに入れます。もちろん、白紙も許容します。そして、教師が「さあ、今からみんなの困りごとを見てみましょう」と言いながら一つひとつ見ていきます。
　ここは、おもしろおかしく進めたいところです。子どもたちのワクワク感を作りながら開けていきます。「○○さんが嫌なことをしてきます」などより「宿題ができなくて困っている」とか「朝、早く起きる方法はないか」などの議題の方が話し合いが進みます。
　議題について一つひとつコメントをしていきます。ここは、要の部分です。どんな議題がいいのか子どもたちが理解していく部分だからです。そして、教師が話し合いのしやすそうな議題を選びます。最初の話し合いなので、無理なく話し合えて盛り上がる議題がよいです。最初の議題が、その後の議題集めを左右するからです。
　ここでも主人公は議題を書いた子どもです。教師は、その議題を盛り上げる脇役です。さあ、あなたも名脇役になってみませんか。

（徳安儀博）

決まった子どもしか発言しないときは?

Q 「クラス会議」をしていると決まった子どもしか発言しないことがあります。そんなときは、どうしたらいいでしょうか。

● まずは、「賛成」「同じ」「似ている」など型を示す

　回を重ねても子どもに変化が見られなければ、発言する子が増えるように手立てを講じてみましょう。

　もともと発言を好まない子もいます。できるだけいろいろな子に発言してほしいという意図で進めるときには、授業と同じで、型を教えたり、例示したりする方法があります。

　友達の意見を聞いて、「○○さんに賛成です」「○○さんと同じで……です」「○○さんと似ていて……」などから挑戦させてみます。

　低学年であれば、発言した子をほめたり、発言した人数を数え、目安にしたりすることもよいと思います。

● どんな発言でも認め、大事にする

　クラス会議には、いろいろな考え方やアイディアを出し合うよさがあります。正解を発言するのではなく、みんなにとってのベストを見つけていく、決めていく時間です。

　私のクラスでは、発言した意見にネームプレートを貼っていました。そうすると、発言した子とまだ発言していない子がわかります。

　私の方で「あと3人で全員発言ですね!」と声を出したり、子どもたちが、まだ発言していない子に「○○さんは、どう思う?」と声を

かけたりしていたこともありました。

　発言してくれる子たちは、クラスの問題について自分のことのように大事に考えてくれる子です。だからこそ、発言してくれるのです。

　どんな発言も認め、板書することを続けてみましょう。

　また、高学年であれば、発言したという事実がクラスに貢献する行為であることを、全体に話すことも有効だと思います。

● 子どもたちに問い、語ることで考えさせる

　決まった子どもしか発言しないなぁということが続いたら、子どもたちに聞いてみましょう。
「みなさんは、クラスのことはみんなで考えて決めていくクラスと、決まった人だけが発言して決めていくクラスと、どちらのクラスをめざしますか」と。子どもたちが少し変わります。

　何のためにクラス会議を定期的にするのか、クラスの生活をつくっていくのは誰なのかを最初だけでなく、時々語ってみてはどうでしょうか。議題に対し、自分なりの解決策を考えられることのすばらしさを指摘することもよいと思います。

● あまりこだわらない

　クラス会議は、全員が発言することが目的ではありません。

　クラスのことを自分たちで決める、生活を向上させるために話し合う時間です。

　解決に向けたアイディアや賛成、心配意見を出すことも大事ですが、最終決定の場にいるということ自体が、参加していることになります。あまり発言する子についてこだわりすぎないことも大事です。

（近藤佳織）

Q4 同じような議題が続くときは？

Q クラス会議で同じような議題が続くときや、特定の子に対しての議題が続くときはどうすればよいのでしょうか。

繰り返し話し合わせる

「廊下を走っている人がいます」「チャイムが鳴っても席に着かない人がいます」などは、どの学級でもクラス会議で挙がりそうな議題です。そんな中、「ルールが決まった直後は守っているが、しばらくするとまた同じ問題行動が現れる」という経験はありませんか。

クラス会議では、前回の話し合いをふり返る時間が設けられています。話し合ったことがうまくいっている場合は、そのままさらに続けていけばよいのですが、そうでない場合は、新しい解決策を決めるためにもう一度話し合うことができます。

クラス会議は、話し合いによる問題解決によって、自分たちの生活を改善できる自治的集団を目指しています。だからこそ、「失敗する経験」はとても大切です。「うまくいかなかったら、次の改善策を考える」、そして「試す」。この経験が子どもたちを育てていきます。

なぜそれが問題なのか、原点を考える

それでも議題の解決が難しく、話し合うことに対する子どもたちのモチベーションの低下がみてとれる場合も出てくるかもしれません。そんなときは、なぜ、それが問題なのか、「そもそも論」で原点を考えさせてみてはどうでしょうか。

「なぜ、廊下を走ってはいけないのですか」「なぜ、チャイムが鳴っても席に着くことができないのですか」といったように司会（状況に応じて学級担任）から投げかけ、全員で考える時間を設けます。

当たり前に理解できていそうなことですが、全員で改めて共通理解することで、新しい解決策が生まれるというケースは結構あるものです。

ただし、このような話し合いで気を付けなければならないのは、ルールを守らせるために罰を科すという手段をとらせないようにすることです。

ルール違反に対して罰を科すことにより、罰を回避することが目的行動になってしまいます。しかし、クラス会議には、問題を自覚して自律的に生活を改善する力を伸ばしていくという目的があります。そのためにも、罰を用いない解決方法の大切さについて、学級担任がしっかりと語ることが大切です。

全員で話し合う議題としての適否を判断する

特定の子に対する議題が、議題箱に続けて投函されたり、複数の子どもから投函されたりすることもあります。学級担任としては、「投函された議題＝クラス会議の議題」ではなく、その議題を話し合うことが自治的集団づくりにつながるのかを、学級の実態に照らして吟味する必要があります。特に、人権やプライバシーに関することや子どもたちだけでは解決が難しい議題については、クラス会議ではなく、生徒指導として、学級担任が介入して対応した方がよいでしょう。

（古澤正雄）

Q5 時間が足りなくなるときは？

Q なかなか話し合いの結論が出ないときには、時間をかけて話し合った方がよいでしょうか？

● 原則は「時間内に終わらせる」

　クラス会議は、１単位時間で終わらせることを原則とした方がよいと思います。時間を延長したからといってよい解決策が出されるとは限りませんし、「なんで延長するの？」「遊びに行きたいのに……」と思っている子も中にはいるかもしれません。何より、延長するかどうかでも意見が分かれるでしょうし、この議題のときは延長して、この議題のときは延長しない……という基準を明確に設けることが難しいのです。そうした基準のあいまいさは、クラス会議に対するイメージをよくしません。ですから中途半端でも、「時間になったので」と言って話し合いを切り上げてよいのではないでしょうか。

　ですが、一生懸命に話し合っているのを時間だからといって強制的に終了してしまうのは何だか気が引けますよね。そのようなときは「みんなが必死に解決策を探していたね」とか「延長したいと思えるくらい真剣に話し合っていたんだね」と、話し合いの過程を評価してあげます。その上で、「今度は、時間内に結論が出せるといいね」と励ましてみてはどうでしょう。

　おそらくクラス会議をスタートしたばかりの頃は、前半のコンプリメントに時間がかかってしまい、話し合いの時間が短くなってしまうことがあります。しかし回を重ねるごとにスムーズな進行ができるようになり、話し合いに十分時間を使えるようになると思います。また、

司会や副司会の子にストップウォッチをわたして、時間を管理させることも有効です。

● 話し合いを途中で終わらせるときは

　さて、１単位時間で切り上げた方がよいと言いましたが、次の問題は、「切り上げ方」です。教師が「この解決策に決めたら？」と言うわけにはいきませんし、「多数決にしなさい」とも言うべきではありません。何せ子どもたちの話し合いですから、切り上げ方も子どもたちに選択してもらいましょう。ただし、初めてのときは子どもたちがわからないでしょうから、教師が選択肢を示すのがよいと思います。

　　① この場で結論を出す（多数決）。
　　② 実行委員に委ねる。
　　③ 別の時間に話し合う。

　①は、話し合いに不十分さはあるかもしれませんが、１単位時間で結論を出してしまうということです。行事やイベントの場合には②の選択肢もあり得ます。③は、次回のクラス会議まで待つことも可能ですが、１週間という期間は思いのほか長く、話し合いの中身を忘れてしまいがちですのであまりおススメしません。

　さらに、議題によっては、今日中に決めたいとか明日までに……というものもあります。そのようなときには休み時間や朝の時間を活用するのが便利です。その方が子どもたちの「話したい」という熱が冷めないうちに、続きを行うこともできます。

　時間に限りがある方が、クラス会議に緊張感が出てきますし、限られた時間の中で最善の策を出すという力も、社会に出たときに必要な力といえるのではないでしょうか。

（畠山明大）

議題が出過ぎるときは？

Q クラス会議が活発化して、議題がたくさん集まるようになりました。いまは時間内にさばききれません。どうさばくといいでしょうか？

● 議題選定委員会をつくる

議題選定委員会とは、文字通り、話し合いの議題を選定することを目的とした委員会です。委員会のメンバー集めは、誰を選ぶかよりどのようにして選ぶかが大切です。

私は、複数の係活動からさりげなく5人くらいあらかじめ選んでおき、子どもたちの力関係を考えてさりげなく、それでいて、おおっぴらにして声をかけ集めます。

勉強のできる子や活発な子ばかりで選ぶと、児童の主体性を薄めるどころか児童が教師の恣意性を認め、「結局先生の思いどうりにしている」という勘違いを持たれます。だから、学級内にすでにある集団からチョイスします。あくまでもおおっぴらにすることが肝要です。つまり、みんなの前で声をかけるなどして、透明性を高めるわけです。立候補してくる積極的な児童もいますが、「次に頼むよ。今回は、話し合いで積極的に発言してね」と言って丁寧に断ります。

● 議題選定委員会の仕事

メンバーで、必要性が高いと思われる議題を選定させます。「早く話し合わないと困る人が現れる」「この議題だと○○さんがつらくな

る」という学級集団や個人の関係性に注目して選定するようにアドバイスします。ここでは自分以外の他者に思いを馳せる力を育てます。子どもたちの話を聞くことで、教師は学級集団の歪みを見つけるチャンスになります。人は、誰かの役に立ちたいと思いながら生活しています。その力を生かします。話し合いが終わったら「一所懸命に考えてくれたね」と声をかけてあげてください。

　議題を選定することが不可能ならば、議題を全て画用紙に書き出して、その下にポストを一つずつ設置して、休憩時間を利用してその解決策を投票させてもいいと思います。議題に対する子どもたちの傾向もわかりますし、学級づくりに参画している意識を醸成することもできます。

　議題によっては、休憩時間や下校しながら勝手に話し合いをするグループもいると思います。これも、クラス会議を支える大切なことです。しかし、数名で解決してしまうのではなく、みんなで考える過程を大切にしたいと教師が伝えることも必要です。

　ポストを設置して満足のいく回答が投函されたとしても、そこで終わりにしてはいけません。個人に帰結する議題はその対象者へ、学級の問題は全体へ開示していかなければなりません。

　議題提案者が満足のいかない解答であれば、学級で話し合いを始めます。ここまでくれば、議題数は精選されています。もし、低学年で解答に満足のいかないことを主張する子どもがいれば、回答に満足していないのか、みんなで話し合って欲しいだけなのかを教師が見極めて行く必要があると思います。承認欲求が強い子どもである場合は、クラス会議以外の学校生活のいろいろな場面でその子どもを認める行為を多くしていく必要があります。

　　　　　　　　　　　　　　　　　　　　　　　（德安儀博）

議題を出す子どもが毎回同じときは?

Q 「クラス会議」をしていると、議題を出す子どもが毎回同じときがあります。どうしたらいいでしょうか。

● 議題として取り上げ、思いを受け止める

　毎回のように議題を書いて出してくれる子ということは、困ったことがあるか、クラスがもっとこうなるとよいと思っている子です。たとえ、何回か同じ子からの議題が続いても、まずは、書いてくれたことに感謝したいものです。

　続けて書いてくれるということは、「議題に出すと解決できる」「みんなに聞いてもらえる」とクラス会議を肯定的に捉えているからこそ、ではないでしょうか。もしくは、議題提案をすることで「先生に聞いてほしい！」「みんなに聞いてほしい！」と思っているのかもしれません。時間が許す限り、議題として取り上げ、話し合うことで思いを受け止めたいものです。

● 議題をクラス全体のものにする

　議題が、「お楽しみ会で何をするか」のようにクラス全体のものであるとはっきりわかるものもあれば、「給食器に野菜かご飯が残っていることがあります。どうしたらいいですか」「お昼休み、ステージの上で遊んでいる人がいました。上がらない方がいいと思います」のように、ある個人の課題を本人以外が出す議題もあります。

　そのようなときは、提案者の話を聞いた後、担任が補足する形で、

みんなの課題にしてから話し合うことをお勧めします。
「今、○○さんの提案にありましたが、ステージに上がってしまったことがある人、いますか？」と子どもたちに聞くと、3分の1位の手が挙がったとします。
「何人かいますね。少しの人がそのようにしていると、例えば『2年生が、ステージに上がって遊んでいる！』と言われることになりますね。みんなの課題として話し合いたいのですが、どうですか」と投げかけましょう。子どもたちが、自分たちのことという意識を持てるようにして話し合いを始めるとよいでしょう。

議題が、その子個人のものであるとき

「どうしてもカッとなっちゃうんだけれども、どうしたら怒らなくなりますか」「忘れ物が続いちゃうんだけれども、いい方法はないですか」など、議題が個人のものであることもあります。
　そのときも「解決していますか？　話し合いますか」と提案者に確認し、提案者が、「話し合いたいです」と言えば、話し合いましょう。
　個人の課題について、アイディアが出る、みんなが自分のことを考えてくれているということが、すでに課題を出した子を勇気付けます。
　また、困っていることに対し、いくつか出された解決策から、やってみたいことを選ぶときの提案者の顔は、とても嬉しそうなのです。

（近藤佳織）

Q8 教師が出る場面はどんなとき?

Q クラス会議は子どもに話し合いを任せる活動ですが、教師は絶対に口を出してはいけないのでしょうか。

教師の出場は必要。ただし、結果を左右するような介入はNG

　特に、まだ子どもたちがクラス会議に慣れないうちは、その様子を見ている担任は口を出したくなります。しかし、むやみに口を出してしまうと、「先生は、僕たちに任せるって言っていたはずなのに……」「なんだ、結局、先生が決めるのか」といったように、せっかく育ち始めた主体性の芽を摘んでしまいかねません。

　クラス会議は、基本的には子どもたちに任せた方がいいでしょう。その方が子どもの主体性や自治的集団の形成が図られます。ただし、司会や板書役の子どものサポートとして、助言したり補助したりすることは、会議のスムーズな進行のために必要な場合もあります。

　また、明らかに話し合いの方向がおかしいときや、道徳的に誤った方向に会議が進みそうなとき、あるいは発言の対等性が保障されていないときなどには、話し合いの途中でも教師が出るべきです。つまり、民主主義を逸脱した行為に対しては、「今の話し合いは、このクラスが目指す姿ではありません」と伝える必要があります。

　一番してはいけないことは、結果が左右されるような介入を教師がしてしまうことです。それをしてしまうということは、クラス会議自体の価値を否定することになり、上述したような思いを子どもに抱かせてしまいます。

発達段階や実態に応じて、介入レベルをコントロールする

「話し合いを子どもたちに任せる」ということからすると、クラス会議は中学年から高学年以降の発達段階の子どもたちに適した活動と思われるかもしれませんが、何年生でも可能です。実際に低学年からクラス会議を導入している学校も多く存在します。

学年が低いうちは、あまり型にとらわれる必要はないかと思います。

例えば、教師が司会の子ども役になって輪の中に入り、会議をリードすることは、子どもにとって今後のよいモデルになるでしょう。

また、クラス会議で１単位時間を話し合いで目いっぱい使う必要もありません。学年が低いうちは20〜30分位で切り上げることで短期集中の話し合いに飽きる子どもの出現を防ぐこともできるでしょう。残りの時間は、本の読み聞かせやエンカウンターなどの楽しいゲームをして過ごすこともお勧めです。

大切なのは、「自分たちで話し合って決めた」という実感を持たせることや、「クラス会議の時間が待ち遠しい」という思いを持続させていくことです。

クラス会議の最後は教師がしめくくる

クラス会議の最後に、教師が感想や感謝の気持ちを伝える時間を設定しましょう。発言で活躍した子ども、しっかり話を聞けた子ども、役割をきちんと果たした子ども、前回できなかったことができた子ども……など、頑張りを認める絶好の機会です。この時間を利用して、「クラス会議に参加してよかった」という実感を高めてあげましょう。

（古澤正雄）

批判的な意見ばかりが続くときは？

Q 話し合いをすると、いつも批判的な意見が多くなってしまいます。どうしたらよいですか？

批判的意見の連続には、徹底した指導を

　クラス会議は、子どもたちだけで話し合い、子どもたちだけで結論を出す方が基本的にはよいと思います。ですから、教師からの声かけや介入は、可能な限り少なくするべきです。しかし、批判的な意見が続くといった問題が起きた場合は、教師が指導を入れるべき場面ではないでしょうか。

　特に、解決策への批判ではなく、発言者本人への批判が相次ぐ場合は危険です。クラス会議が、子どもたちにとって楽しいものではなくなり、よさや効果を実感できなくなります。批判的な意見ばかりが続くという問題には適切に、また継続した指導を行う必要があります。

ポイントは基本要素

　では、どのように指導したらよいのでしょうか？
　ここで、クラス会議には、本格的な話し合いが始まる前に身に付けたい基本要素があったことを思い出してください。それら基本要素が、この問題を解決する重要なポイントになるはずです。基本要素の中には次のようなものがありました。
・ハッピーさがし
・人がよりよい行動をするのは勇気を持ったとき・いい気分になっ

たとき
- どんなことも、どんな人もいい面もあるし、悪い面もある
- ものごとをよい見方で見ていこう
- ブレインストーミング

　このようにクラス会議には、肯定的な話し合いを行うための要素が数多く存在します。ですから、教師は批判的な意見が出されて指導が必要だと感じたら、「5つの動物ゲームで勉強したよね。ものごとをよい見方で見ていこうよ」とか「人がよりよい行動をするのはどんなときだっけ？」と前に学習したことが想起できるように話します。また、教師ができるだけ話し合いに介入しないようにするために、同様のことを司会の子に言ってもらうのもよいと思います。「マイナスの意見が続いているので、プラスの意見はありませんか？」「みなさん、ブレインストーミングを思い出しましょう」などと司会の子が言えるようになれば、教師の介入場面は減って、子どもたちによる話し合いにグッと近づくでしょう。

　決して批判的な意見が全て悪いと言っているわけではありません。批判的な意見が全くない話し合いはあり得ませんから。肯定的意見が終始飛び交うような話し合いは、そもそも話し合う必要があるのでしょうか？　賛成も反対もあって、みんなで議論し結論を出すことに話し合いの意味があるのではないでしょうか。

　問題は肯定的意見と批判的意見のバランスです。肯定的意見が多くなれば、雰囲気のよいクラス会議となるでしょう。そしてもう1つは言い方です。「**確かに**●●さんの意見もなるほどなと思います。**でも**…」と、一度、相手の意見に理解を示すだけで受け取る側の感じ方が違います。つまり「イエスバット法」を使うわけですね。ぜひ試してみてください。

（畠山明大）

時間を確保するにはどうしたらいい?

Q 時間内に話し合いが終わらなかったり、クラス会議を開く時間自体の確保が難しい状況があります。

● 物理的に確保できないとき

　学校行事などで時間が削られて時間がとれないこともあります。議題は決まっているのに時間がとれないと、提案した子どもや司会役の子どもは、不安になります。放っておくとクラス会議や話し合うことに対して失望感を持たせることになり、その意欲を復活させるのに労力がかかります。

　その時は、朝の会や帰りの会などを使います。発言のできる子どもからどんどん言わせましょう。そして、時間になったら、「今日はここまでだね。明日、続きをしよう」と宣言することです。

　気をつけたいのは、細切れに時間を確保する場合でも、一つの議題を話し合うのは３日くらいが限度だと思います。ですから、３日目には、「今日で結論を出します」とか「３日かけたけど結論が出なかったね。でも、みんなで話し合ったことに価値があるんだよ」と伝えるなどして話し合った価値を大切にします。

　どうしてもという時は、再提案してくる子どもがいると思います。その時は、その児童にとってさしせまった事情があると思われるので個別に事情を聞いて対応していきます。

124

1単位時間（45分）とれないとき

　まず、子どもを育てておくことです。本書にクラス会議の基本的な流れが書いてあります。それをユニットに分けます。
　特に、「ハッピーさがし」のユニットは、朝の会や帰りの会や各教科の終わりに行います。これを継続して行っていくと、話し合いのユニットに突然入っても大丈夫だと思います。クラス会議と教科と日常生活をリンクさせることで友達との関係にプラスの感覚を持たせるようにしておくことができます。
　また、短時間の話し合いで質の高い話し合いができるようにするための練習を、教科の時間の中ですることもできます。自分の考えを認めて欲しいなら、相手の考えを認めないと話し合いは進まないことを道徳の時間に伝えたり、国語の時間に友達の感想に共感を持った発言をすること、算数の時間に、間違えた友達に優しい態度で接することなどが挙げられます。そして、しっかりとできなくても許容し育てる姿勢が教師には必要になります。
　こうした工夫で、短時間のクラス会議が可能になっていきます。

 ## 教師のクラス会議をやろうとする意志がくじけたとき

　時間を確保するために最も大切なことは、実は、教師のクラス会議をやろうという意志です。ときには、その意志がくじけてしまいそうになるときがあります。そのときは、第1章を読んでみてください。クラス会議のメリットが書いてあります。子ども同士がつながり、あたたかい雰囲気の学級にしてみたくありませんか。クラス会議で培った力は他教科でも生きます。学級づくりの基本の形がクラス会議にはあふれています。本音で語り合える時間を体験した子どもは、きっとどの教科でも今ある自分からスタートすることを恐れない子どもになります。私はそんな時間を子どもにつくってあげられるのは幸せなことだと考えています。

（徳安儀博）

話し合いで意見が出ないときは？

Q クラス会議をして話し合っていると、解決策がなかなか出てこないときがあります。話し合いを止めない何かよい方法はありませんか。

● 隣の人との相談タイム

　内容によっては、なかなか解決策が出ないものもあります。形態を工夫したり、ツールを使ったり、雰囲気を変えたりしてみましょう。

　例えば、話し合いを始めても解決策が出ないときには、「隣の人と相談タイム！」と言ってペアでおしゃべりをさせます。

　一人で黙って考えているより、友達と話すことで気楽につぶやくことができるし、おしゃべりをしている中から解決策の案が出てくることもあります。

　ペアで話したことを発表するようにさせると、一人だけで考えているより、多少は意見が出てきます。

　また、同じ意見でも「○○さんたちと同じ意見です」と言わせたり、「……と似ていて……思います」と言わせたりすることで、思いつかなかった子たちに「そういう考えもあるのか」ということを学ばせることができると思います。

● 3～4人で話す

　クラス会議の形態を少し変え、「ワールドカフェ」を活用するやり方も考えられます。

クラス全員で1つの輪になって話し合うのではなく、解決策を出し合うとき、小グループに分かれて話し合う方法です。
　全員の前で発表することはハードルが高いと感じる子でも、小グループでなら、話しやすいと感じる子もいるでしょう。そんな子たちには、小グループで話し合う方が意見を出しやすいかも知れません。
　また、グループになって話し合う際は、最初は「人の意見を否定しない」「一人の人だけが話しすぎない」「順番に話す」などのルールがある方が、安心して話せると思います。
　ワールドカフェは、はじめにグループで話し、次に一人を残して他のメンバーは違うグループへ移動して話し合います。3回目にもとのグループに戻り、話し合います。メンバーを変えて同じ議題を話し合うことで色々な角度から解決策が出る可能性が高まります。
　最後に、最初のグループで考えた最もよい解決策を代表者が出します。それをクラス全員で話し合う方法です。

ツールの活用

　話し合う形態を小グループにする場合、話し合いのツールとして模造紙とマジックを用意し、話しながら自由に書いていく方法もあります。中学年くらいから実施可能だと思います。また、ホワイトボードを活用する方法もあります。

リラックスできる雰囲気づくり

　気楽に話せるように、ゆったりした音楽をBGM代わりにかけて、カフェでおしゃべりをするように話すことを楽しむという雰囲気づくりを心がけている先生もいます。

（近藤佳織）

いつも同じ子どもしか名前が出ないときは？

Q 「いい気分・感謝・ほめ言葉」の場面で、名前が挙がる子に偏りがあり、マンネリ化しています。どうすればいいでしょうか。

● バリエーションを増やす

　クラス会議プログラムでは、はじめに「いい気分・感謝・ほめ言葉」が設定されていて、毎回行うことになっています。これは、クラス会議の時間をあたたかい雰囲気で迎えるための活動で、とても大切です。

　しかし、継続する中で、いつも複数名から名前が挙がる子とそうでない子が出てきたり、発表内容がマンネリ化してきたりすることも考えられます。そんなときは、ちょっとバリエーションを変えて取り組んでみることをお勧めします。

> ①隣の人をほめる　　　　　②名簿の次の人をほめる
> ③くじで引いた人をほめる　④誕生月の人だけを全員でほめる
> ⑤自分のことをほめる　　　⑥クラスのいいところをほめる

　①から③は、確実に全員が誰かをほめるし、誰かからほめられます。特に③はゲーム的な要素も含まれるので、盛り上がります。④は、ほめ言葉のプレゼント的な要素があり、誕生月の子にとっては嬉しい時間になります（ただし、8月生まれの子の対応を忘れないように注意しましょう）。⑤は、少し恥ずかしさもあるかもしれませんが、自分の頑張りを自分でしっかりと認め、周りにもわかってもらうことでいい気分になります。⑥は、発表を聞いているうちになんだか自分のこ

とをほめられているような嬉しい気分になってきます。

● グループで行う

　輪になった段階で、ランダムにグループ分けをします。次に、輪の中でグループごとに集まり、全員を確実にほめ合うことをルールにして、そのグループ内で「いい気分・感謝・ほめ言葉」を交わします。
　複数のグループが同時進行で行うため、時間も短縮できて会議の話し合いの時間を確保できます。1グループの人数は、3～5人くらいが適当ではないでしょうか。

● ほめ方のスキルを高める

　ほめ方にもスキルが必要です。「言われて嬉しい言葉」や「こんなときにほめてほしい」などをブレーンストーミングで出して掲示するなど、いつでも使えるように可視化することは効果的です。

● 大切なのは肯定的感情の表出

「いい気分・感謝・ほめ言葉」では、肯定的感情の表出が最も大切だとしています。そのため、子どもには「言われるよりも、言うことの方が大事なんだよ」と伝え、教師もそこをしっかりと認めてあげるようにしましょう。

（古澤正雄）

同僚から理解が得られません

Q 他の先生から「話し合いの時間なんて忙しくてとれない」「子どもに任せるとどうなるかわからない」と言われてしまいます。

子どもの姿で語る

　職場の同僚から理解が得られない要因には、およそ次のようなものがあります。

- 毎週やって時数は大丈夫なの？　時数オーバーでしょ。
- （いわゆる）学級会って、何をやっていいのかわからないわ。
- 子どもに話し合いを任せたら、とんでもないことになるよ。

　こういった心配や否定的な意見もわからなくはありません。確かに、特別活動の年間時数は35時間（1年生は34時間）しかありません。また、子どもの自主性や自発性をよしとする特別活動の特性が故に、教師の役割や指導内容が明確にされてこなかったことも否定できません。同僚の理解を得るためには、このような不安要素があるということを理解した上で地道に実践を重ね、子どもたちの姿で語っていくしかないのかもしれません。

　みなさんのクラスの子どもたちが、毎日生き生きと学校生活を送っている。目がきらきらと輝いている。クラスが見違えるようによくなった。そういった実際の子どもたちの姿を見せていくことで、職場の同僚もクラス会議のよさを感じ、理解を示してくれるようになるかもしれません。

　とは言ったものの、質問の回答が「地道に実践を重ねる」というだけでは、少し乱暴すぎますので、もう少し具体的な解決策を考えてみ

たいと思います。

　まず、時数の問題についてです。みなさんは学期はじめや学期末に学活を何時間行うでしょうか。おそらく年間35時間のうち、学期はじめや学期末に使う時間を差し引いても20から25時間は残るのではないでしょうか。この時間をクラス会議の時間にします。

　小学校学習指導要領解説の特別活動編には、学級活動の内容として（1）学級や学校の生活づくりと（2）日常の生活や学習への適応及び健康安全が挙げられていますが、クラス会議は、（1）と（2）の両方を扱えるシステムになっていますので、20時間前後の時数をじっくりとクラス会議に使うことができると思います。

　さらに、クラス会議を続けていくと、子どもたちがどんどん自分たちで考え、自分たちで活動を始めます。これまで、学活の時間を使っていた係決めや児童会行事の計画・準備なども、少ない時間でテキパキとできるようになり、休み時間などにも意欲的に活動するので、学活の時間が少なくてすむようになります。

　次に、方法がわからない、子どもに任せられないという不安への解決策です。何と言ってもこの本には、クラス会議のやり方から、司会進行マニュアル、教師の指導内容などについて詳しく書かれていますから、そのページを読んでもらうのがよろしいかと思います。もし読んでもらえないのならば、自主的に授業参観を行って、観に来てもらうのはどうでしょう。百聞は一見にしかずと言いますから、観てもらえれば、クラス会議のやり方や教師の役割がわかってもらえるのではないでしょうか。やはり口であれこれと説明するよりも、実際の様子を見て、よさを感じてもらう方が理解は得られやすいと思います。

　いずれにせよ、校内で理解が得られないまま、一人で孤軍奮闘するというのは大変なことです。あなたの実践を理解してくれる同僚、クラス会議に賛同してくれる同僚を一人ずつ増やして、仲間と一緒に実践を積み上げていくことが大切だと考えます。

（畠山明大）

Q14 ふさわしい議題や ふさわしくない議題?

Q クラス会議に取り上げるべきではない議題というのはあるのでしょうか。

●「ふさわしくない議題」という捉え方をしない

　まず、「ふさわしい」「ふさわしくない」という考えで議題を捉えません。基本的な立ち位置として、子どもたちが話し合う必要を感じたら話し合いします。ただし、扱いに気を付けたい議題はあります。

　ただ、大事なことは、その議題の出てきた背景をしっかり見取るということです。

● 集団生活を壊すような議題

　一つ目は、学級のみんなの幸せ（集団生活）を壊すような背景が見え隠れする議題は注意が必要です。その議題を話すことが特定の子どもやグループの利益になったり、不利益になったりする議題は注意しましょう。

　例えば、「お楽しみ会をしよう」です。よくある議題ですが、その決定事項にいたるまでに、教師の介入が必要です。ドッジボールをすることに決まったら不利益になる子どもがいる可能性があります。特に、女子です。話し合いだけで終わらせるのではなく、実際に決定したことをやっているその場に行って子どもたちの様子をよく見ていないと、けんかが起こったり、その後の学級経営に支障が生じるかもしれません。

見過ごしていると、クラス会議がいじめを生むシステムにつながる可能性があります。

各家庭の問題が背景にありそうな議題

　二つ目として、各家庭の問題が背景にありそうな議題には気をつけましょう。

　例えば、「宿題忘れをなくすにはどうしたらいいのか」などの議題が考えられます。

　もしも、ある子の宿題忘れの背景に家庭の事情があった場合には、みんなで話し合っても、各家庭の実情に踏み込むことはできません。家庭によっては、保護者の方が夜の勤務でいないなど考えられるからです。子どもたちができるのは、「下校したらすぐする」とか「宿題をする時間を決める」などのアドバイスです。それが、議題の解決策です。それ以上のことは、教師が保護者の方と相談していくことです。ですから、「宿題忘れをなくすにはどうしたらいいのか」など各家庭の問題が背景にありそうな議題には、みんながどこまで踏み込んで話し合うかについて注意が必要です。

　また、特定の子どもがターゲットになるような議題が何度も繰り返される状態にならないように注意しましょう。

　まとめると、学校生活を破壊したり家庭で不和を起こすような議題はふさわしくないといえます。学校の中には、教師と子どもがいます。その営みがマイナスになるような議題は教育効果を生むことはないのです。負の思考のスパイラルに陥ってやがて負の行動する子どもが現れると考えられます。

　更に言うと、悲しむ人が出そうな議題はふさわしくありません。クラス会議は、話し合い、実行し、また話し合うスパイラルで進めることで、自分たちの生活をよりよくしていく意欲や技術を培うものです。誰かを陥れる方法ではありません。私たちの幸せを具現化するシステムであることを子どもたちに学ばせたいものです。　　　（德安儀博）

クラス会議の実施に批判的な子どもがいるとき

Q クラス会議を始めるとき、「そんなのしたくない！」と批判的な態度を見せる子にはどう対応したらいいでしょうか。

クラス会議を始める最初にしっかり語る

　はじめにクラス会議のねらいや価値をしっかり語り、時々何のためにクラス会議を行っているのかを子どもたちと確認するとよいと思います。

　クラス会議を始めるとき、なぜクラス会議をするのか、どのようなクラスを目指すのかということを、子どもたちに伝えます。

　私の場合は、低学年には次のように語りました。
「これからみんなでもっと仲良くなりたいから、楽しいことをしたり、もっといいクラスになるために大事なことを決めたりするとき、輪になって会議をしたいんだ」

　また、中・高学年には、「クラスのことは自分たちで話し合って決める、そういうクラスをつくりたいのです。話し合って楽しいことを実行したり、誰かが困っていたらみんなでアイディアを出して助け合ったりする、そういうことができるクラスを目指したいです」と語りました。

　担任として目指すクラス像を語り、「そのために、週に1回、楽しいことを計画したり、解決したいことを話し合ったりする場をつくりたいと考えています」と投げかけ、賛同を得るとよいと思います。

● クラス会議への批判をこう読む

　クラス会議が軌道に乗り、定期的に実施していく中で、クラス会議に批判的な子どもがいることもあるでしょう。

　全員が大好き！　賛成！　などという活動はないわけですから、ねらいをもって行うことであれば、子どもの批判を気にして「やめようか」などと悩むことはないと思います。

　しかし、批判的な態度をとる子は、なんらかのサインを出している可能性があります。

　その子にとって、クラス会議が納得のいく過程を踏んでいない場合や、クラス会議で決まった解決策が本当に本来の目的にかなっていないのかもしれません。それらの視点で自分のクラス会議の実践を見直す機会にしてもよいと思います。

　また、批判的な子は、クラス会議そのものに批判的なのか、担任に対して、「わかってほしい」「自分をもっと見てほしい」というメッセージを送っているのかを見極めるということも大事です。

　子どもの態度から、発しているメッセージを探って受け止め、自分の実践や対応をふり返る、そのようなスタンスが大切ではないでしょうか。

● 続けること

　まずは、そのクラスや状況に合わせて続けていくことです。どんなことでも途中でやめてしまうとそこで終わってしまいます。めげずに続けてみましょう。

　きっと子どもやクラス、そして自分に変化が生まれるはずです。

（近藤佳織）

担任の願いと違う結論になったときは？

Q 話し合っているうちに、子どもたちのやりたいことと担任の願いがずれてしまうことがあります。担任の始めの投げかけに問題があるのでしょうか。

子どもの決定を尊重する

クラス会議は、「話し合いを子どもたちに任せる」というのが大原則です。たとえ担任の願いからずれてきたとしても、そこは子どもの決定を尊重しましょう。話し合う前の担任の投げかけをふり返ることも大切なことです。

しかしそれよりも、子どもたちが話し合いの中で、どのような過程でその決定に至ったのかをふり返ってみることが大切です。話し合いのターニングポイントをみることによって、クラス会議のおもしろさを改めて実感することができるはずです。

失敗は成功のもと

クラス会議で子どもたちが決定したことが、実際にはうまくいかない場合もあります。担任としては「やっぱりな」と思うところがあるかもしれません。だからといって、失敗を失敗のまま終わらせておくのは、あまりにももったいないです。

「どうして、うまくいかなかったのかな」「次のときにうまくいくようにするには、どうすればいいかな」とふり返ることが大切です。

成功の反対に位置するのが失敗ではありません。失敗は、成功に向

かってチャレンジをしている努力の証しです。そこをきちんと認めてあげることも教師の大切な役割です。成功の反対は…「何もしないこと」です。

担任と子どもが同じベクトルで理想に向かう

「担任が願いを持って議題を投げかけ、子どもたちがそれに応えるように一生懸命に話し合う。結果的に、担任の願いと子どもたちの決定が異なった」

これはむしろ、子どもたちのすばらしい姿ではないでしょうか。自分たちで自分たちの学級をつくることに本気になって取り組んでいる子どもたちだからこそ、本当にしたいことに気付き、決定に至ったのだと思います。

これは子どもたちと教師の両者が、本気になってクラスをつくっていこうとする、理想的なクラスの姿といえるのではないでしょうか。

クラスのルールが定着し、ほぼ全員で一緒に行動できるクラスになると、学級経営的には安定し、担任も満足してしまいがちです。しかしそれは、担任にとっての満足であり、子どもたちにとっての満足とは限りません。

この１段階上にあるのが、教師も子どもも満足するクラスです。クラスの問題を自分たちで解決でき、自他のために協力できるクラスです。そしてそれが、「自治的な学級集団」といわれています。

たとえ、ある会議の願いと決定にずれがあっても、理想のクラスに向かうベクトルがずれないクラスづくりが大切だと考えています。

（古澤正雄）

第4章

クラス会議で教師や学校も変わる！

クラス会議を始めてみた先生の体験談から、教師自身や学校まで変わっていった事例を紹介します！

1 実践した先生の体験から

クラス会議で学級・学校をつくる

古澤正雄

1 「よいかも」と思ったら……

　クラス会議に限ったことではありませんが、少しでも「よいかも」と思ったものがあれば、実践してみることが大切です。

　もったいないのが、「よいかも」と思っても、「今は忙しいからいつかやってみよう」と後回しにすること。あるいは「あの子たちにはできない」「自分には無理だ」と、初めからしようとしないことです。「よいかも」と感じるのは、教師としてのアンテナの感度が高まっている表れです。そこには、「子どもを、クラスをもっとよくしたい」「教師としての力を高めたい」という願いが込められているはずです。

　受信（インプット）したものを発信（アウトプット）することで、教師が変わります。教師が変わると子どもが変わります。教師と子どもが変わるとクラスが変わります。

2 クラス会議の「よいかも」

　クラス会議プログラムを初めて目にした人は、おそらく2つの「よいかも」を感じるのではないでしょうか。

　1つ目は、クラス会議のスタイルです。【輪になる→いい気分・感謝・ほめ言葉を交わす→身近にある（クラス及び個人の）問題解決を目指して話し合う→1週間後にふり返る】といったように、1時間の流れが明確に位置付けられていることです。

「輪になるのは子どもたちが喜びそう」「日常的にお互いのよいところに目が向くようになりそうだ」「これまでは決めっぱなしだったけど、確かにふり返りは大切だな」などと感じるのではないでしょうか。もし、そう感じたら、まずは実践してみることをお勧めします。最初から完璧な実践を目指そうとせず、できそうなところから取り組んでいくのが大切でしょう。

　２つ目が、話し合いをさせる前段階、いわゆる「素地づくり」の活動が丁寧に組み立てられている点です。かつて学級会は全国の教室で盛んに行われていました。しかし、その活動が衰退した要因の１つとして、話し合い活動を成立させるためのマニュアルがなく、その大部分が教師の力量に委ねられていたということが指摘されていました。

　クラス会議プログラムは、その点を丁寧にカバーしてあります。プログラムに沿って素地づくり活動を実践していくことで、話し合いを成立させるための個々のスキルや心構え、さらには人間関係の対等性を築くことができるようになっています。

　プログラムの全てを実践することが難しければ、発達段階やクラスの実態に応じて、内容の一部をカットしたり、オリジナルの活動を追加したりしてもよいでしょう。

　クラス会議は実践することで「よいかも」が「よい！」に変化していきます。それは、子どもの活躍、クラスの集団としての高まりを目の当たりにすることができるからです。

3　子どもとともに力を付ける

　クラス会議は、クラスを自治的集団に高めていくためのプロセスやスタイルの一例を提案するものです。そのため、「このやり方でなければだめだ」という制限はありません。100人のクラス担任が実践すれば、100通りのクラス会議があるということです。

　クラス会議を実践していく中で、「聞き方のスキルをもう少し補充指導したい」「いい気分・感謝・ほめ言葉がマンネリ化してきている」

「司会の座る位置や役割を工夫して、進行しやすくしてあげたい」など、修正・改善点が出てくることがあります。その場合には、それらを補う活動を取り入れて、実態に応じたオリジナリティのあるクラス会議を形成していくべきでしょう。あるいは、「クラス会議の雰囲気を教科学習にも取り入れていきたい」という願いも出てくるかもしれません。それは、授業改善につながる重要な視点ともいえます。

　実践の過程で修正・改善点が明らかになるということは、子どもやクラスの状態を的確に把握し、さらに高みを目指していく、クラス担任として望ましい姿であるといえるでしょう。

　このように、クラス会議を実践していると「子どもたちにもっと力を付けてあげたい」「自分自身の力量をさらに高めたい」という思いに駆り立てられるようになります。その思いに正対して、指導法や活動を積極的に学び実践していくことが、子どもたちに確かな力を付けていくことになり、教師としての力となっていくはずです。

4　広い視野から改善策を探る

　新たな学びを得るためには、教育書を読む、研修会に参加する、先輩教師の助言を仰ぐ、などがスタンダードな方法として考えられます。しかし、教育に生かせるモデルは学校教育分野だけとは限りません。異業種にも目を向け、広く柔軟な視点から指導法を探っていくと、活用できるモデルに出合うことがあります。

　例えば、企業における組織づくりやリーダーシップ論といったビジネスモデルをヒントにしたり、臨床心理士や精神対話士といった心理的アプローチをヒントにしたりすることも効果的です。今は、インターネットも充実しているので、キーワード検索で情報を収集することも有効な方法です。

5 クラス会議を全校で取り組むメリットは？

　全校でクラス会議に取り組むよさは、「先生方が同じボートに乗り、目的地に向かって力を合わせてオールを動かす」よさです。

　学校は組織です。そのため、自分がやりたいことを好き勝手に取り組むということは、それがどんなに優れた実践であろうと、効果の見られた活動であろうと、学校全体としては、職員間の信頼関係や連携を崩してしまう危うさがあります。

　別な見方をすると、あるクラスだけが効果的な実践によって成果を挙げたとしても、それが共有されなければ、一部の子どもの一時的な高まりになってしまうでしょう。あるいは、その実践を受けていないクラスでは、子どもたちからクラス担任に対して不満の声が上がることも考えられます。子どもたちは楽しさに対して、とても敏感です。

　学校全体で子どもたちの成長を本気で支えていくのであれば、効果的な実践は、共有財産にして全校体制で取り組むべきです。そうすることで、担任が替わろうとも学級編成替えが行われようとも、ぶれない継続的な指導が可能になり、子どもたちの確かな成長につながるでしょう。クラス会議はそれを可能にする活動なのです。

6 職員室でもクラス会議が！

「椅子だけで輪をつくる活動をしたのですが、きれいな輪にすることって簡単そうで難しいですね。○○先生は子どもたちにどんな言葉をかけていますか」（２年担任20代女性）
「クラス会議で話し合った廊下の歩き方のルールがうまくいったのよ。そしたら『他の学年の人にも伝えよう』ってことになったの。協力してもらえますか？」（４年担任40代女性）
「教科の授業では、なかなか発言をしなかった○○さんが、この間のクラス会議で、初めてパスしないで発言してくれました。会議が終わ

ってから本人に、『うれしかったよ』って伝えたら、ニコッと笑顔を見せてくれました」（5年担任40代男性）

　これらのコメントは、全校体制でクラス会議を実践している、ある小学校の職員室での会話です。受け持つ学年や学級担任の年代あるいは性別に関係なく、助言を求めたり、協力を依頼したり、出来事を伝えたりしています。『クラス会議』という同じステージに立って日々の実践を積み上げていくと、学級・学年はもちろん、年代の垣根を越えて、子どもの姿を語り合ったり、互いの実践を磨き合ったりする場面が増えていきます。職員間でクラス会議が展開され、あたたかな雰囲気が築かれていくようになるのです。

7　まずは地道に実践を積み上げる！

　クラス会議を実践し、その効果を感じている人の中には、「学校全体でクラス会議に取り組んだら、もっとすばらしい効果が上がるのに」と願う人もいると思います。しかし、自分がよいと感じる活動を、周りの先生方がすぐに受け入れてくるとは限りません。周りの先生方にもそれぞれに構築したスタイルというものがあります。

　では、どうすれば学校全体でクラス会議に取り組む流れをつくることができるのでしょうか。結論から言うと、地道に実践を積み上げてそのよさや確かな効果を知ってもらうことが一番の近道です。

　地道な実践を積み上げ、学級集団を確実に育てていくことで、「先生のクラスは、とても意欲的でまとまっているけれど、何か秘訣はあるの？」「自分たちでトラブルを解決しているけれど、どうすればあのような子どもたちになるの？」「クラス会議を私も実践してみたいな」などと、興味を示したり賛同してくれたりする先生方が現れるはずです。

　自学級で効果を上げることで、校内の注目を集め、それが管理職や研究主任などにも認められていけば、全校体制での取り組みに広げて

いくことは、そう難しいことではないでしょう。

　そのためにも、一人でも多くの先生に実際にクラス会議の様子を観てもらうことが大切です。自学級のクラス会議の時間を校内の先生方に知らせて、フリーに参観してもらうなど、率先して授業公開を行っていきましょう。

8　校内研究の柱に位置づける

　管理職や研究主任から賛同が得られたら、校内研究に位置づけてもらうことにより、全校体制で取り組みやすくなります（新年度に向けた校務分掌の希望調査で「研究部」を希望したり、自ら研究主任の立場を任せてもらったりすれば、さらに取り組みやすくなります）。

　実際に、全校体制でのクラス会議に取り組み、成果を挙げている学校もあります。それらの小学校の共通点は、「学級づくり」と「授業づくり」の2本柱で研究を進めているということです。2本の柱が互いを支え合うことで相乗効果をあげているのです。

　自治的な学級集団をつくり、それを授業に生かす。あるいは授業で得た知識や技能をよりよい学級づくりために発揮する。それを可能にするのがクラス会議です。

2 実践した先生の体験から

クラス会議で
子どもも教師も変わる

徳安儀博

1 クラス会議に出会う前の閉じられた話し合い

　クラス会議に出会うまでは、話し合い活動は、準備が大変な割には効果が少なく、あまりしたくない活動でした。

　話し合いの形式に縛られて話し合いが活性化しづらい傾向があり、子どもたちに申し訳ない気持ちを持っていました。話し合い自体も教師の思うように進めたい気持ちが強く、話し合い中の教師の話も支援というより介入という感じでした。

　そんな話し合いなので、発言力がある子ども中心で話し合いが進み、話し合いに参加していないと考えられる子どもも多数いたように感じていました。だから、話し合いで決定したことをみんなで実行していこうとする勢いが弱く、実行力が弱いから次の話し合いが活性化しないので、さらに実行力が落ちるという負のスパイラルに陥っていたと思います。

　話し合い自体に活動の中心を置いていて、実行することには重きを置いていなかった自分は、「みんなで決めたことだから」ということで子どもたちを縛っていたように思います。

　そんな中でクラス会議に出会い、始めてみた結果、子どもたちが大きく変化しました。そして、私自身も、子どもたちに話し合いを任せることができるようになっていきました。

2 私のクラス会議実践

① 第1〜4回のクラス会議

最初は、話し合いのための準備をしました。主にコミュニケーションのルールを指導しました。児童は、椅子を輪にしての会議、全員が輪番で発表するスタイルに興味を示しました。

輪番での発表でも、パスができることで、緊張をほぐして話し合いに向かわせる雰囲気をつくることができました。子どものできたことを指摘したり、それに対する教師の喜びを伝える声かけやまなざしが、子どもの会議に対する評価を高めると感じました。子どもがクラス会議を好きになるようにすることが成功のポイントだと捉えています。

② 3か月目の工夫

実践を始めてから、3か月くらいするとパスをする子どもが固定化してきてきたので、それを改善したいと考えました。

パスをよくする子どもは、何をいま話し合っているか理解していないことが多いのではと考えて、話し合いが進む中で席替えをして、同じ考えの児童がまとまって座ることにしました。同じ意見の友達がそばにいることで安心感が生まれ、発表したい気分になる効果がありました。また、友達の考えをより聞こうとしたり、自分の考えをわかりやすく説明しようとしたりする様子が見られるようになりました。

③ 6か月目の工夫

クラス会議は生活改善の活動です。

話し合いで決まったことを実行してみて、修正をする必要感を感じ、同じ議題を数回話し合わせることを行いました。これまでは1回目の話し合いの結論に対して教師の不満足感が大きかったのですが、数回繰り返せば、教師の思いを投げかけるタイミングも生まれます。子どもの話し合いも活性化しました。

④ その後の教え子たち

中学校に進学した教え子たちは、生徒会に立候補するメンバーも多

く活躍しています。街で出会うとまず真っ先に「生徒会でがんばっています」という声を聞くにつけ、人と関わることの大切さや気持ちよさを学習することができた教え子たちに喜びを感じます。

　また、中学校の先生から、彼らが学級の問題を休憩時間に集まって話し合い、担任に提案しているとうかがいました。どんなことをしたらそんな子どもが育つのか、質問をされる先生もおられました。

3　1年間実践してみて

　みんなの問題を集団で思考して決定するだけでなく、誰か一人の問題も集団で考えて本人が解決方法を決定していくこともやりやすい形態の会議だと感じます。一人の悩み事や心配事を学級のみんなが解決へ向けて支援していくことは、提案者にとってはその行為自体に勇気づけられると思います。また、提案者は、話し合いでみんなから解決法を提示してもらい、そこで自分が選択した方法で解決したならば、みんなへの感謝の気持ちも芽生えるのではないでしょうか。さらに、みんなの側は、提案したことが採用され、活用されることで役立ち感も育つと思います。

4　クラス会議をしてみてこんなことが起こった

　クラス会議によって、様々な好ましいことが起こるようになりました。
・子どもたち全員が笑顔になり、自分の居場所を見つけることができた。
・子どもたちが物事を肯定的にとらえるようになった。
・子どもたちのアサーション力（人の感情に配慮した言い方）が身についた。
・当番活動以外にも学級や学校をよりよくするために主体的に活動するようになった。

- 教科の授業で発表する子どもが増えた。
- 子どもたちが仲良しになった。
- 教師が指示、発問、を吟味して話す力がついた。
- 同僚の教師が学級の変化に気づき、教師集団のチーム力が上がった。
- 上記のことを保護者が実感して、教師を信じ、我が子の主体性を伸ばす子育てに取り組む姿が見られるようになった。

5　なぜクラス会議を実践するのか

　一つ目は、手段としてのクラス会議という捉え方です。私たちは社会を形成していくために、他者と折り合いをつけながら行動していかなければなりません。また、自由闊達な意見を述べ合うことも必要です。この力をクラス会議で培うことによって、教科学習でもその力を発揮することができます。各教科学習の独自性の内容を推進していくためには、話し合うこと、やってみることなどの力が基礎となっています。さらに、日常生活でもその力は大切になってきます。つまり、他者との意識の形成合意の手段としてのクラス会議といえると考えています。

　二つ目は、目的としてのクラス会議という捉え方です。遠い道のりを歩く時、一人よりも二人で歩いた方が楽しく歩けるとよくいいます。一緒に歩く人と仲がいいとそうだと思いますが、仲が悪いと目的地まで苦痛でしょうし、もしかすると目的地までたどりつかないかもしれません。

　学級は一年間をかけて目的地へみんなでたどりつかないといけません。それなら、楽しく愉快な仲間になって歩いて行きたいものです。もちろん、最初は、バラバラかもしれません。途中にも問題が発生するかもしれません。それを解決しながら歩いていくためにクラス会議を行っていくのです。

　つまり、私の幸せとあなたの幸せの両者を具現化することを目的としているのがクラス会議だと考えています。

著者紹介

編著者　赤坂真二（あかさか　しんじ）
国立大学法人上越教育大学教授。19年の小学校勤務を経て2008年4月より現所属。現職教員のキャリアアップ、教員養成にかかわりながら小中学校の教育活動改善支援、講演や執筆活動をしている。学校心理士、ガイダンスカウンセラー・スーパーバイザー、日本学級経営学会共同代表理事、日本授業UD学会理事、NPO法人全国初等教育研究会JEES理事。主な著書に『小学校高学年女子の指導』『困った児童への言葉かけと指導』『友だちを「傷つけない言葉」の指導』『「気になる子」のいるクラスがまとまる方法！』（以上、学陽書房）など。

共著者（50音順）

近藤佳織（こんどう　かおり）
1974年新潟県生まれ。上越教育大学教職大学院修了。現在、新潟県公立学校勤務。発達通級教室担当として子どもの居場所づくりと勇気づけに奮闘中。サークル「教師のNゼミ」で仲間とともに学んでいる。

德安儀博（とくやす　のりひろ）
1965年鳥取県生まれ。文教大学教育学部社会科専修了。現在、鳥取県公立小学校勤務。話合い活動はもとより、各教科にクラス会議の手法を取り入れて、自治的な集団づくりを実践。

畠山明大（はたけやま　あきひろ）
新潟大学附属長岡小学校勤務。専門は学級経営、特別活動。学級経営やクラス会議について、県内外の研修会講師や講演も行う。著書に『クラスを最高の笑顔にする！　学級経営365日　困った時の突破術　中学年編』（明治図書）他、共著多数。

古澤正雄（ふるさわ　まさお）
1973年新潟県生まれ。新潟大学大学院教育学研究科学校教育専攻修了。新潟県公立小学校に勤務し、クラス会議をベースにした安心感のある学級づくりを目指して研鑽を積み、現在、新潟県三条市教育委員会勤務。新潟県特別活動研究会所属。

新装版
いま「クラス会議」がすごい！

2014年10月6日　初版発行
2024年10月16日　新装版初版発行

編著者　赤坂　真二
発行者　佐久間重嘉
発行所　学　陽　書　房
　　　　〒102-0072　東京都千代田区飯田橋1-9-3
　　　　営業部　TEL 03-3261-1111／FAX 03-5211-3300
　　　　編集部　TEL 03-3261-1112
　　　　http://www.gakuyo.co.jp/

カバーデザイン／能勢明日香（ステラ）　イラスト／おしろゆうこ
本文デザイン／岸　博久（メルシング）　本文DTP制作／越海辰夫
印刷・製本／三省堂印刷

Ⓒ Shinji Akasaka 2024, Printed in Japan
ISBN978-4-313-65290-3 C0037
※乱丁・落丁本は、送料小社負担にてお取り替え致します。
※定価はカバーに表示してあります。

JCOPY〈出版者著作権管理機構　委託出版物〉
本書の無断複製は著作権法上での例外を除き禁じられています。複製される場合は、
そのつど事前に出版者著作権管理機構（電話 03-5244-5088、FAX03-5244-5089、
e-mail: info@jcopy.or.jp）の許諾を得てください。

好評の既刊！

対話でみんながまとまる！
たいち先生のクラス会議

深見太一　著

A5・112ページ　定価 1,870 円（10% 税込）

いま SNS で大注目のたいち先生による初の単著！　クラス会議を取り入れれば、クラスがまとまるようになる！　教室が騒がしい、男子が下品なことを言う…などこうした問題を子どもたちだけで対話によって話し合える！